Für Stelio, Marcello,
Maddalena und Giovanni
C. P.

Titel der Originalausgabe: *Les vrais sages sont des rebelles*
Erschienen bei Éditions Nathan, Sejer, Paris

Deutsche Erstausgabe

Ein Unternehmen der Média-Participations

Projektleitung und Lektorat: Melanie Schöni, Knesebeck Verlag
Übersetzung: Ingrid Ickler, München
Umschlaggestaltung: Leonore Höfer, Knesebeck Verlag
Satz und Herstellung: Arnold & Domnick, Leipzig
Druck: NEOGRAFIA, a.s.
Printed in Slovakia

ISBN 978-3-95728-823-3

www.knesebeck-verlag.de

MIX
Papier | Fördert gute Waldnutzung
FSC® C020353

CHIARA PASTORINI PERCEVAL BARRIER

Weise und rebellisch

Was wir von den großen Philosophen heute noch lernen können

Aus dem Französischen von Ingrid Ickler

KNESEBECK

WEISE UND REBELLISCH

von Charles Pépin

Auf den ersten Blick wirkt die Frage komisch. Stellen wir uns einen Weisen nicht als einen Menschen vor, der „das Leben philosophisch nimmt", der die Kraft hat, die Dinge zu akzeptieren, die er nicht ändern kann, und das Leben annimmt, wie es ist?

Man kann die Frage allerdings auch aus einem anderen Blickwinkel betrachten und die freundliche Einladung von Chiara Pastorini und Perceval Barrier annehmen: Nachzudenken und zu philosophieren, bedeutet, sich gegen Vorurteile, gegen Automatismen und Gewohnheiten, gegen Stereotypen, aber auch gegen die Dummheit aufzulehnen.

Das heißt, nein zu sagen zu einem Leben ohne Fragen nach dem Warum, zum Konformismus, zu Dogmen und Ideologien. Sich nicht dem Herdentrieb und dem Rudeldenken zu unterwerfen.

Je eher wir lernen, uns aufzulehnen, desto besser. Für einen jungen Menschen ist es manchmal schwierig, die Kraft zur Individualität zu entwickeln, vielleicht muss man in diesem Alter einen gewissen Konformismus akzeptieren …

Aus diesem Grund muss man schon früher beginnen. Kinder sind spontane Metaphysiker. Sie fragen nach dem **Warum,** man antwortet, sie fragen weiter. Wenn wir nicht weiterwissen, antworten wir: „Weil es eben so ist." Aber das reicht ihnen nicht. Fragen stellen ist ihre Rebellion, ihr Auflehnen. Aber warum?

Manchmal fragen sie aber auch konkret: Warum geht es jemandem schlecht? Warum habe ich Angst im Dunkeln? Und selbst ohne solch deutliche Fragen stehen Überlegungen im Raum wie: Warum gibt es überhaupt etwas anstatt nichts? Was ist der Sinn des Lebens? Wo ist der Mensch einfach nur Mensch?

Die wahrhaft Weisen sind fähig, nein zu sagen: nein zur intellektuellen Faulheit und der herrschenden Meinung. Aber in ihrem Nein steckt ein noch größeres Ja. Ein Ja zum Leben, zur Einzigartigkeit und zur Freiheit. Es ist ein positives, ein glückbringendes Ja. Die vielgestaltigen Illustrationen dieses Buches sind eine schöne Einstimmung auf dieses Glück.

INHALT

Vor langer Zeit im Orient und Okzident …

Die Ursprünge der Philosophie

Los geht's, lasst uns zur Ruhe kommen, konzentrieren wir uns, wir wollen beginnen …

Die Philosophie ist sowohl im Okzident (Westen) als auch im Orient (Osten) im 7. Jahrhundert vor Christus entstanden.

Vorher versuchte man sich den Ursprung des Universums durch Legenden und Mythen zu erklären, die von Generation zu Generation weitergegeben wurden. Aber irgendwann wollten die Menschen über diese Frage nachdenken, ohne dabei auf ihre Fantasie oder Märchen zurückzugreifen. Sie haben stattdessen nach RATIONALEN Erklärungen gesucht.

Und hier beginnt unsere Geschichte …

* Zusammenbruch des Römischen Reiches.
** Entdeckung Amerikas.
*** Französische Revolution.

Im OKZIDENT machen sich die Philosophen Gedanken über den Ursprung des Universums und des Lebens. Jeder hat seine eigene Theorie …

Leben kommt aus dem WASSER!
THALES
Ich denke, die LUFT ist der Ursprung von allem!
ANAXIMENES
Die VIER ELEMENTE!
EMPEDOKLES
Die ZAHLEN! Alle Dinge lassen sich auf Zahlen zurückführen!
PYTHAGORAS
Das stimmt nicht, es sind die SAMENKÖRNER!
ANAXAGORAS

Vor allem zwei Philosophen haben gegensätzliche Vorstellungen davon, wie die Welt »funktioniert«.

HERAKLIT
VS.
PARMENIDES
Die Welt ist in ständiger Bewegung. Alles verändert sich, denn alle Dinge bewegen sich stets von einem Extrem zum anderen.
Von WARM zu KALT,
von GROSS zu KLEIN
usw.
Könnte man meinen, aber die Wirklichkeit ist das genaue Gegenteil.
Nichts verändert sich.
Die Sonne zum Beispiel schenkt Wärme und macht Leben möglich …
… gleichzeitig verbrennt sie alles.
So ein Quatsch! Das Sein ist unveränderlich, ohne Vergangenheit, ohne Zukunft und überall gleich!
Was IST, ist, was NICHT IST, ist nicht.

Augenblick, wir zeigen dir, wie das gemeint ist:

Los, Stelio, alles fließt und verändert sich …
Das Wasser, in dem du badest, ist nie das gleiche!
Ja, das hoffe ich …
HERAKLIT: MAN BADET NICHT ZWEI MAL IM SELBEN FLUSS …
Schau mal, der Fisch da unten ist Parmenides!
Hör nicht auf ihn. Die Veränderung ist nur eine Illusion!
Man muss sich auf das konzentrieren, was »ist«, jenseits der Oberfläche der Dinge!
Ich tauche jetzt wieder unter! Tschüs!
TZZZ!!
Na ja, ich hoffe, Heraklit hat recht.
Das Wasser ist ein bisschen dreckig …

Zur gleichen Zeit versucht man im ORIENT herauszufinden, wie die Beziehung der Menschen untereinander harmonisch gestaltet und ein weises Leben geführt werden kann.

Nicht zu viel Einsamkeit, nicht zu viele Beziehungen …
… die genaue Mitte, das ist Weisheit.
Der erste Star der chinesischen Zivilisation
Größer als zwei Meter!
Halb Mensch, halb Legende

Es heißt, bei seiner Geburt sei er von zwei Drachen empfangen worden!
Ich bin dein Vater!

KONFUZIUS

SEINE LEHRE

Wohlwollen, Traditionspflege, Respekt gegenüber den Vorfahren und den Eltern.

SEINE ZIELE

Das eigene Denken, den kritischen Geist und das Nicht-Handeln zu entwickeln.

Begründer des Daoismus
Er wurde schon mit langen weißen Haaren geboren.
Die anderen zu kennen, ist Weisheit. Sich selbst zu kennen, ist die höhere Weisheit.
Hat das »I Ging« verfasst, zu seiner Zeit ein Bestseller!
Ich bin dein Büffel.

Ein Komet soll seine Geburt angekündigt haben.

LAOTSE

SEINE LEHRE

Mit dem Dao, dem »Weg«, dem guten Pfad, in Einklang sein. Vorsicht bei persönlichen Wünschen und der Freiheit, die uns davon abbringen!

SEINE ZIELE

Nicht in den spontanen Fluss der natürlichen Gegebenheiten eingreifen.

7 REGELN AUS DER ORIENTALISCHEN PHILOSOPHIE,

die dir im Leben helfen können!

SUCHT EUCH EINE ARBEIT, DIE EUCH GEFÄLLT, UND IHR MÜSST NIE WIEDER ARBEITEN!
DER VATER, DER SEINEM SOHN KEINE PFLICHTEN BEIBRINGT, IST EBENSO SCHULDIG WIE DER SOHN, DER SIE VERNACHLÄSSIGT.
Er hat Angst!
Er wird bestraft werden, der arme Papa!
ES GIBT 3 ARTEN VON NÜTZLICHEN UND VON SCHÄDLICHEN FREUNDEN.
DIE NÜTZLICHEN: der aufrichtige, der treue und der gebildete Freund.
DIE SCHÄDLICHEN: der falsche, der willenlose, der geschwätzige Freund.
DIE NIEDERLAGE IST DIE GRUNDLAGE DES ERFOLGS.
TÖPFERN FÜR ANFÄNGER
Meister, euer Bart hat sich…
DER WAHRE REICHTUM BESTEHT DARIN, MIT DEM ZUFRIEDEN ZU SEIN, WAS MAN HAT.
Margarethe, mein Schatz!

Der Weise lernt aus seinen Fehlern. Der noch Weisere lernt aus den Fehlern der anderen.

Konfuzius

Sokrates und Platon

Die Väter der griechischen Philosophie

Und außerdem, der Eintritt ist frei!

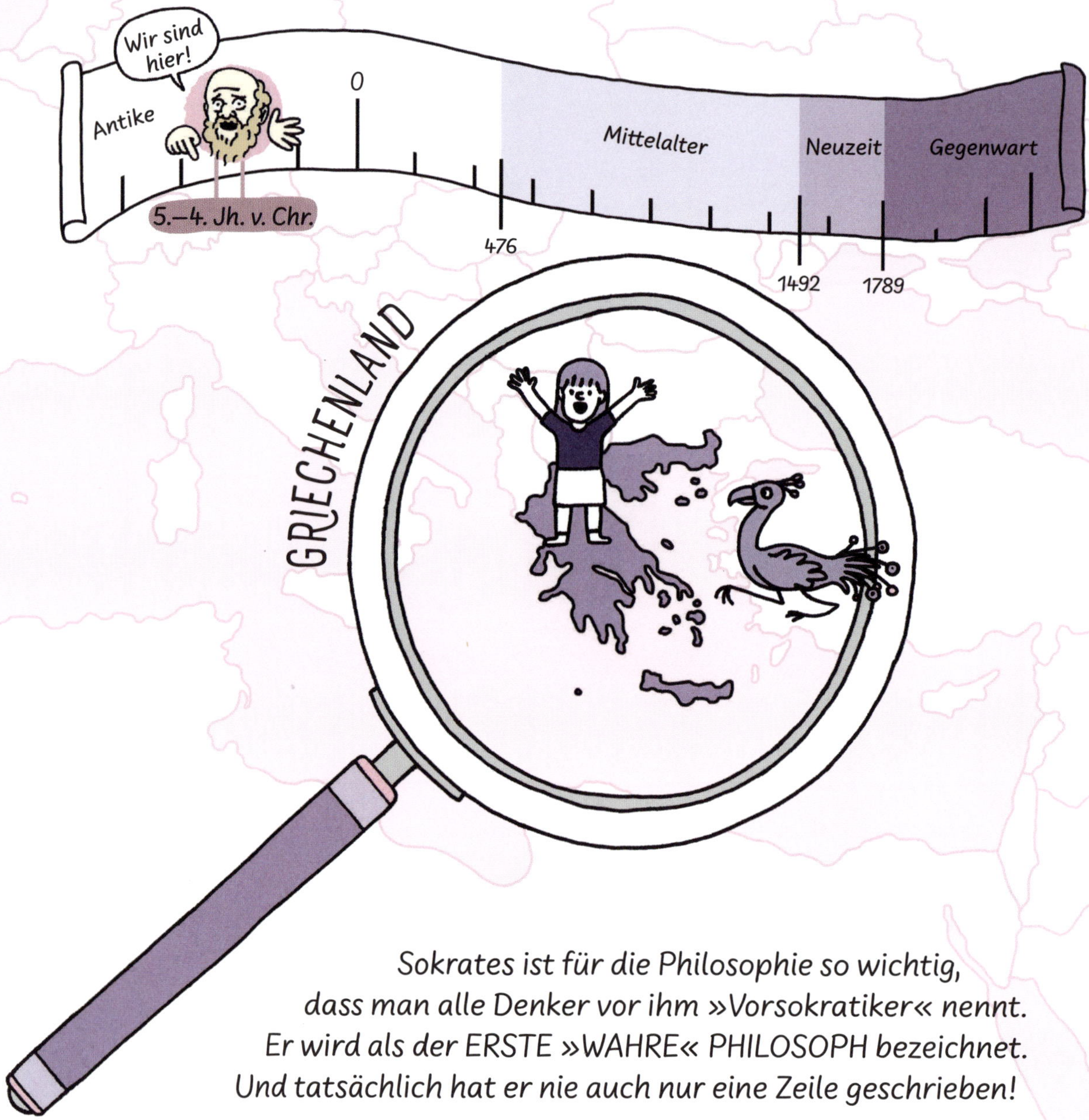

Sokrates ist für die Philosophie so wichtig, dass man alle Denker vor ihm »Vorsokratiker« nennt. Er wird als der ERSTE »WAHRE« PHILOSOPH bezeichnet. Und tatsächlich hat er nie auch nur eine Zeile geschrieben!

Alles, was man von ihm weiß, ist seinen Schülern zu verdanken, die ihm durch die Straßen Athens gefolgt sind … und an seinen Dialogen, MÄEUTIK*, teilgenommen haben!

Einer seiner berühmtesten Schüler ist Platon. Er hat die »Dialoge« geschrieben, in denen Sokrates die Hauptperson ist.

* Mäeutik: das altgriechische Wort für »Hebammenkunst«. Sokrates' Mutter war nämlich Hebamme! Für Sokrates ging es natürlich nicht darum, Babys auf die Welt zu bringen, sondern Erkenntnisse!

ZU VIEL ist ZU VIEL!
DU WIRST UNSERE JUGEND VERDERBEN!
DU GLAUBST NICHT AN UNSERE GÖTTER! STIRB, ALTER MANN!
Warum regt ihr euch so auf? Ihr solltet eure Unwissenheit genauso akzeptieren wie ich meine!
Denkt ständig nach.
Vergleicht sich mit einer stechenden Bremse, die versucht, die Geister der Menschen zu wecken
Unterrichtet gratis, 0 €!
SOKRATES

SEINE ÜBERZEUGUNG

Zu wissen, dass man nichts weiß!

SEINE ZIELE

Viele, viele Fragen stellen! Über die Gerechtigkeit, die Macht, den Reichtum, die Freundschaft, den Mut ...

Weißt du, mein Kleiner, niemand ist mit Absicht böse!
Jules hat mir heute Morgen die Lunchbox geklaut …
Und ich habe nicht das Gefühl, dass das ein Versehen war!
Oh doch!
Nichts tut bewusst Böses.
Ich hatte Schokolade dabei…
Wenn man etwas Böses tut, dann nur, weil man das Böse für das Gute hält!
Man irrt sich, weil man es nicht besser weiß!
Man ist aus Versehen böse!
Vor allem ist Jules clever…
Du denkst doch nicht, dass er es aus Versehen gegessen hat!
Das glaube ich nicht!

In Athen – dort gab es immerhin schon eine Demokratie! – wird Sokrates zum Tode verurteilt. Er akzeptiert das Urteil des Gerichts und nimmt sich in seiner Zelle das Leben, indem er mit Schierling vergifteten Tee trinkt.

Ich weiß, dass alles im Leben vergänglich ist.
Das ist mein letzter Tee.

Sein Tod war ein einschneidendes Ereignis: die Geburtsstunde der Philosophie!

PLATON hat die Akademie gegründet, eine Schule, in der Philosophie, aber auch Mathematik unterrichtet wurde. Wie Sokrates denkt auch er, dass ein gutes Verhalten von der Kenntnis der Wahrheit und dem Gebrauch des Verstands abhängt. Vor allem sollten wir nicht unseren Sinneseindrücken trauen, daraus könnten wir falsche Schlüsse ziehen. Wir müssen lernen, IDEEN zu begreifen.

Ideen greifen?
So etwa? Hopp!
Nein, nicht so … Diese blaue Blume, dieses hübsche Mädchen oder dieser Stein können mir zum Beispiel nicht helfen, die Wahrheit zu erkennen …
… aber ich erkenne die Idee der Farbe, der Schönheit oder der Härte.

Er erklärt seine Theorie im berühmten

HÖHLENGLEICHNIS*

Die Menschen sind von Geburt an Gefangene …
Heute habe ich 359 Amphoren zerstört … und dafür 1077 Punkte bekommen, plus Bonus!
Und ich habe 2384 Schafe in Reih und Glied aufgestellt. Neuer persönlicher Rekord! Und du, Lena?
Ach so, ich bin frei und schau mal, was da oben los ist!

* Siehe 7. Band **Politeia** seiner **Dialoge.**

Schau mal, woher kommt denn das Licht?
Was ist das? Wie komme ich da hoch?
Aua! Das Licht blendet mich!
Blöd, dass ich meine Sonnenbrille vergessen habe!
Ist das schön hier ... diese Farben, dieser Duft ... und so viel Platz! Daran könnte ich mich schnell gewöhnen!
Ich muss den anderen, die schon immer in diesem dunklen Loch leben, Bescheid geben!
Hey, Leute! Ich muss euch etwas sagen, ihr werdet es nicht glauben ...
Was? Hast du ein neues Level erreicht?
Du wirst immer besser, Lena!
Nein, etwas viel Besseres ... außerhalb unserer Höhle gibt es noch eine andere Welt!
Da wachsen sogar Pflanzen.
Ich schwöre ... kommt mit und schaut es euch an!
Nein, hier geht es uns doch gut.
Blumen mag ich sowieso nicht ...
Wir brauchen keine andere Welt.

Für Platon leben die Menschen in einer Höhle, in der sie nur die Schatten der Dinge und der echten Menschen sehen. Zum Glück kann die Philosophie ihnen helfen, aus der Höhle herauszutreten, um die Realität zu »SEHEN«.

4 REGELN, DIE DICH AUF DEN WEG
zum Guten und zur wahren Erkenntnis führen

MISSTRAUE ALLEM, WAS DICH UMGIBT!
Das sind nur Äußerlichkeiten! Lass dich von deiner Vernunft leiten.
Gack
Gack
Gack
MISSTRAUE DEINEN SINNEN UND DER KUNST!
Das Huhn auf dem Bild ist nicht das Abbild des Huhns aus deinem Garten, sondern ein Abbild der Idee eines Huhns!
Gack?
NUR DIE IDEEN GIBT ES WIRKLICH!
Idee des Huhns
FOLGE IMMER DER SONNE,
sie repräsentiert die höchste Idee des Guten und wird dich zu wahrer Erkenntnis führen!
GACK!

Das Einzige, was ich mache, ist, dass ich nichts mache …
Hupps, pardon!
Das Einzige, was ich weiß, ist, dass ich nichts weiß!*

Sokrates

* *Siehe Platon,* **Apologie des Sokrates,** *399 vor Christus.*

Aristoteles

Durch Weisheit zum Glück

Kinder, wisset, dass die Weisheit das Leben ist …
Aber seid trotzdem nicht allzu weise …

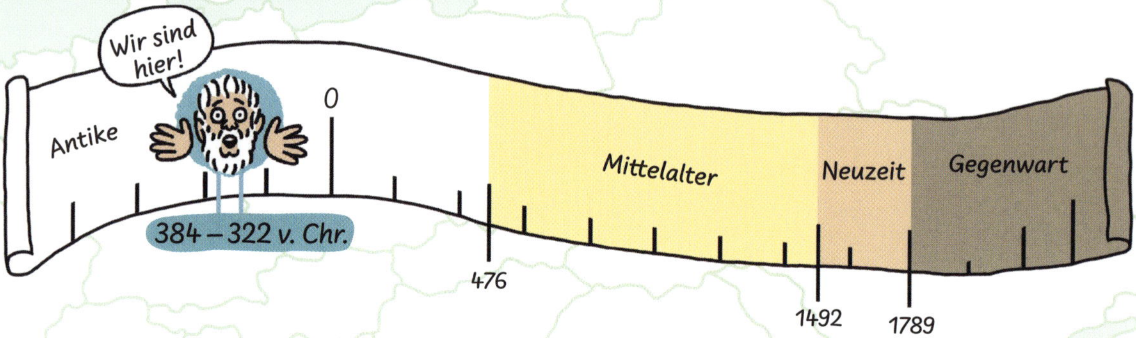

Aristoteles ist zuerst Platons Schüler. Später gründet er seine eigene philosophische Schule, das Lykeion (aus dem Lyzeum wurde). Er wird einer der wichtigsten Denker des Okzidents und sogar der Lehrer Alexanders des Großen, des Königs von Mazedonien.

Aristoteles interessiert sich für alles: Politik, Biologie, Physik, Wirtschaft, Rhetorik (die Redekunst), Metaphysik (die Wissenschaft, die untersucht, was es jenseits der natürlichen Dinge gibt).

Aber die Philosophie ist für ihn die Mutter aller Wissenschaften (bingo!).

Unter den vielen Fragen, die er sich stellt, kommt eine immer wieder:
WIE FINDET MAN DAS GLÜCK?
Und eines Tages findet er die Antwort:
Genau, das ist es!
Dank der Tugend!
Ist das ein Medikament?
Die Tugend besteht darin, die Extreme zu vermeiden, das ZUVIEL und das ZUWENIG. Es geht darum, die »richtige Mitte« zu finden, die einem Grat zwischen zwei Abgründen ähnelt.
EASY!
ZUVIEL
ZUWENIG

Es geht darum, im Alltag gut zu handeln, was dann mit der Zeit zur Gewohnheit wird.

Die wichtigsten Tugenden sind für Aristoteles die Gerechtigkeit und die Mäßigung, die Weisheit und der Mut.

Betrachten wir DEN MUT einmal näher …
Aristoteles, das kann ich nicht!
Oh doch, nur MUT, Stelio!

Uff, oje, oje, oje, ist das hoch!
Nein, ich habe Angst!
Ich bin zu jung, um zu sterben.
MUT ist nicht das Gegenteil von ANGST, mein Kleiner!
Son-dern?
Ist das wirklich der richtige Moment, alles zu kommentieren, Ari?
Mut ist nichts anderes als die perfekte Mitte zwischen FEIGHEIT und LEICHTSINN …
Tatsächlich ist es so, dass ich dem Fallschirm nicht wirklich vertraue …
Ich stelle mir vor, dass er sich nicht öffnet und ich, RUMMS, auf den Boden donnere.
Aber das ist doch bestens! Die Tugend des Mutes besitzt du zwar noch nicht, dafür hast du aber eine andere: die VORSICHT.
Du bist auf einem guten Weg.
Bist du sicher?
Aber ja, mach schon, GO!
NEIN! Ariiiii!
AARiiiii!

Aristoteles hat noch weitere wichtige Theorien entwickelt!

DIE KATHARSIS: EIN VON EINEM KUNSTWERK AUSGELÖSTER ZUSTAND, DER DEINE LEIDENSCHAFTEN REINIGT

ES TUT GUT, TRAURIGE GESCHICHTEN ZU LESEN ...
Wie schön!
TOTOS UNGLÜCK
... ODER HORRORFILME ZU SCHAUEN!
Macht euch keine Sorgen! Sie lebt nur ihre kriminellen Neigungen aus ...

KRAFT UND HANDLUNG

DIE KRAFT IST DIE GRUNDLAGE.
Das wird mein Meisterwerk!
DIE HANDLUNG IST DIE FERTIGE STATUE.
Was für ein Mann!
DER BILDHAUER

DAS STAUNEN: DIE FÄHIGKEIT, SICH AUCH ÜBER DAS OFFENSICHTLICHE FRAGEN ZU STELLEN.

Aber ... warum?
Warum schaust du so komisch, Fischi?
Sehr gute Frage!
Staune, mein Kleiner!
Ähm?
Durch das Staunen setzt das Nachdenken ein.
Und damit beginnt die Philosophie.
Ich habe die Antwort: Fischi ist tot.

4 TIPPS VON ARISTOTELES –

nur für dich!

DAS VERGNÜGEN
Suche nicht allein das Vergnügen. Was dich leiten soll, ist das Glück!
Das Glück ist wie ein Pferd, es muss gezähmt werden.
DER REICHTUM
Strebe nicht um jeden Preis danach. Geld ist kein Wert an sich, sondern es hilft nur, gewisse Ziele zu erreichen.
Das ist für meine Yacht …
DIE GERECHTIGKEIT UND DIE GLEICHHEIT
Gib jedem, was ihm zusteht! Vor dem Gesetz sind alle gleich, deshalb muss man sich die Einzelfälle näher anschauen …
Machst du mir ein bisschen Platz?
PLOC
PLOC
PLOC
PLOC
DIE FREUNDSCHAFT
Pflege die Beziehung zu deinen Freunden. Freundschaft ist das Wichtigste im Leben!
Und der Antrieb soll nicht der Nutzen oder das Vergnügen, sondern die Tugend sein.
Oh, da kommt die schöne Madeline.
Danke, Ari, sehr cool, aber ich gehe.
Klar! Der Mensch ist für die Gemeinschaft bestimmt*!
Huhu, Madeliiiine!

* Im Griechischen **polis.**

Der Mensch ist ein »politisches Tier«!*
Aristoteles

* Siehe **Politik**, 330–323 vor Christus.

Diogenes der Kyniker

Der Mensch als Hund

Wenn Alexander der Große nicht er selbst gewesen wäre, wäre er gerne ich gewesen!
Ziemlich cool, was?

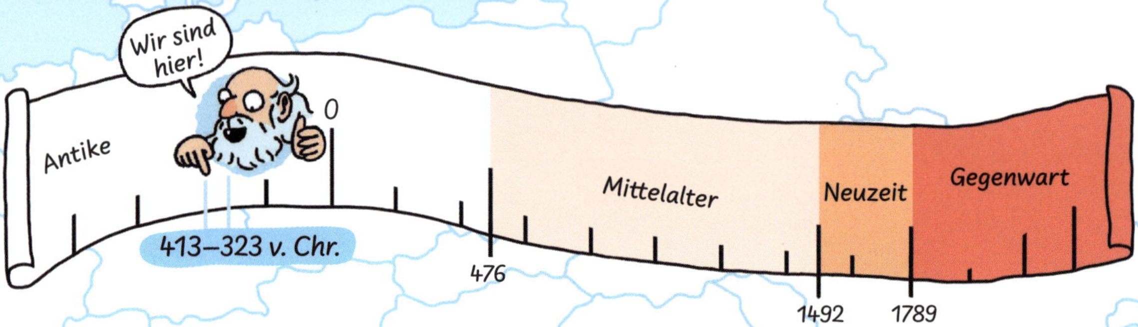

Diogenes hat als berühmtester Vertreter des Kynismus das Denken der Athener stark geprägt. Über sein Leben gibt es zahlreiche Anekdoten, halb Realität, halb Legende!*

Als Einzelgänger und Provokateur richtet er sein Leben entgegen allen sozialen Regeln nur an der Natur aus. Geld oder andere materielle Güter sind ihm unwichtig.

Die Kynische Schule hat die Entwicklung des Stoizismus stark beeinflusst.

** Vom Griechischen, **kynos**, Hund.*

Es heißt, Diogenes habe wie ein Landstreicher auf der Straße gelebt, im Winter wie im Sommer, nur mit einem Wollmantel bekleidet, und er habe nur eine Umhängetasche und einen Napf besessen. Er schlief zusammengerollt in einer Tonne. Beim Betteln boten sich zahlreiche Gelegenheiten, die Vorübergehenden zu beschimpfen, besonders wenn sie reich waren!

Man muss einzig und allein mit der Natur leben und nicht von materiellen Dingen abhängig sein.
Nur auf diese Weise erreicht man die wahre Freiheit!
Und du wirst immer der Sklave deines Geldes sein!

Die Kynische Schule zeichnet sich durch die Missachtung gesellschaftlicher Regeln und die Verherrlichung der Besitzlosigkeit aus.

Hallo, Diogenes!
Was machst du am helllichten Tag mit der Laterne?
Ich suche einen MENSCHEN!
Einen Menschen? Aber die Agora* ist voll damit!
Da sind sogar Frauen und Kinder dabei, wenn du willst.

* Der öffentliche Platz.

Ich suche einen Menschen, das stimmt … aber nicht irgendeinen.
Einen wahren Menschen, einen Weisen.
Und das ist nicht leicht!
Schau, Lena!
Das ist der Mensch bei Platon.
Ähm …
Dieser Dummkopf hat behauptet, der Mensch sei ein zweibeiniges, federloses Geschöpf. Hier bitte, da hast du den Beweis!
Der Typ ist schon ein bisschen gaga …
Eine Münze, meine liebe Statue, ich bitte dich!
Was machst du denn da? Du bittest eine Statue um Geld?!
Bist du sicher, dass du noch ganz klar bist, Diogenes?

Glasklar! Ich bin nur dabei, mich an ABLEHNUNG und NIEDERLAGEN zu gewöhnen!
Du bist wirklich schräg.
Du bist nicht wie wie die anderen.
Schön, um so besser! Denn man sollte sich nicht an den Menschen, sondern an den TIEREN orientieren!
Sie brauchen kein GELD, alles gehört ALLEN, sie haben weder GÖTTER noch ein HAUS … Sie sind frei und können überall hingehen.
Genau wie du eigentlich!
Leckt er etwa seinen Napf aus?
Ja, ich bin ein WELTBÜRGER.
Der Zynismus kommt zwar aus der Kynischen Philosophie, aber das Wort hat heute eine ganz andere Bedeutung und hat mit der Denkweise von Diogenes nicht mehr viel zu tun!
Ich habe keine Wahl, meine Freunde …
Ich muss was verdienen …
Wasser 20 €

2 PRAKTISCHE REGELN,

die dir im Leben helfen können!

REICHTUM
Nimm Geld und materielle Dinge nicht zu wichtig, wenn du nicht ihr Sklave werden willst!
FREIHEIT
Wenn du wirklich frei sein willst, lebe mit der Natur. Nimm dir ein Beispiel an den Tieren!

Über Diogenes' Tod gibt es unterschiedliche Angaben. Einige sagen, er sei an den Folgen einer Infektion durch einen Hundebiss gestorben. Er habe einem Hund einen Knochen stehlen wollen, weil er Hunger hatte.
Wenn ich mich wie ein Floh bewege, sieht er mich nicht kommen.
Andere behaupten, er hätte gewettet, er könne einen ganzen Oktopus auf einmal verschlucken, und sei daran gestorben. Oder war er so enttäuscht, dass er einfach aufgehört hat zu atmen?
Oder von jedem etwas?

Alexander der Große
Sag mir, was du willst, ich werde deinen Wunsch erfüllen!
Dann geh mir aus der Sonne!
Diogenes

Die Epikureer

Das Glück und das Vergnügen

Ich bringe dir bei, dass Salat essen glücklich machen kann!
Aber keine Sorge, kleine Schnecke, ich lasse dir was übrig!

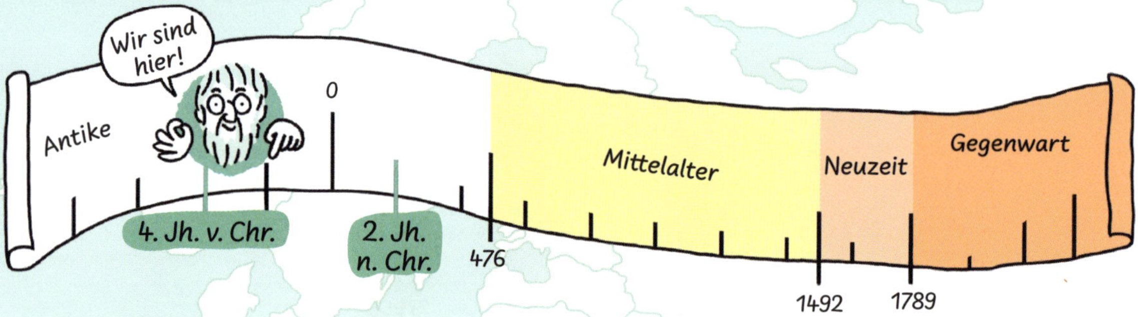

Griechenland, Türkei und Italien

Im Jahr 306 vor Christus gründet EPIKUR in einem Garten in Athen eine Schule (seine Philosophie heißt deshalb auch »Garten-Philosophie«).

Er lehrt, wie man das Glück findet. Für Epikur besteht das Glück in der Abwesenheit von Störungen* in Körper und Geist.

Die Epikureer suchen auch nach dem Ursprung der Welt. Ihrer Meinung nach besteht sie aus Leere und Atomen**, unsichtbaren Teilchen, die sich miteinander verbinden, um Dinge zu formen.

* Auf Griechisch **ataraxia.**

** Diese Theorie hat zuvor schon Demokrit (460–370 vor Christus) entwickelt.

DIE ATOME

Der Philosoph Lukrez (1. Jahrhundert vor Christus) hat ein langes Gedicht mit dem Titel »De rerum natura« geschrieben, das die Welt nach den Prinzipien des Epikur beschreibt.

Lange vor der Erfindung des Mikroskops …
… lehren die Epikureer, dass die Welt nur aus Leere und Atomen besteht.
Die Atome bewegen sich im immerwährenden freien Fall im leeren Raum, aber manchmal passiert auf ihrem Weg ein CLINAMEN*.
Diese geringfügige und zufällige Abweichung erlaubt es den Atomen, aneinanderzustoßen und Körper zu bilden …
… und Seelen!
Wenn selbst unsere Seele aus Atomen besteht, ist sie kein reiner Geist, sondern Materie.
Demnach stirbt sie mit unserem Körper …
Es können unendlich viele Kombinationen von Atomen entstehen, deshalb glauben die Epikureer an die Existenz von unendlich vielen möglichen Welten.

* Griechisch für »geringfügige Abweichung«.

Hermarchos
Lukrez
Davon abgesehen, muss man im Leben nach dem Glück suchen, mein Junge!
Lucius Calpurnius Piso
Ja, ich verstehe, Epikur …
Das ist ganz einfach. Wie viel ist 2 + 2?
4, superleicht …
Genau. Und 2 - 2?
Ähm … 0?
Hervorragend! Mit dem Glück ist es genauso. Man muss das Vergnügen und den Schmerz voneinander abziehen, und das Ergebnis sollte immer 0 ergeben!
Mmmh, dieser Mangold ist köstlich!

Meinst du das zum Beispiel so?
EIS
VIDEO-SPIEL
HAUS-AUFGABEN
KEIN GLÜCK
1 + 1 - 1 = 1
EIS
HAUS-AUFGABEN
GLÜCK
1 - 1 = 0
Genau! Zu viel Vergnügen kann auch Leid verursachen.
Es entfernt dich vom wahren Glück, der A-TA-RA-XIE!
Das bedeutet die Abwesenheit von Störungen, die perfekte Ruhe!
Deiner Rechnung nach ist das Videospiel zu viel!
Du solltest diesen Comic lesen, mein Junge.
Auch Fortnite?
Nur die NATÜRLICHEN und NOTWENDIGEN Bedürfnisse sind es wert, befriedigt zu werden.
Aber ich spiele es so gerne, es macht Spaß. Es gefällt mir, ehrlich! …
Trinken, wenn man durstig ist, Essen, wenn man hungrig ist.
Außerdem kommt gerade der dritte Teil raus...
Das ist nur eine Illusion, mein Junge, nur eine Illusion …
Nur die Erkenntnisse der physikalischen Natur ermöglichen echtes Vergnügen, das zu wahrem Glück führt.
Vertraue deinen Sinnen. Was du fühlst, ist immer wahr.

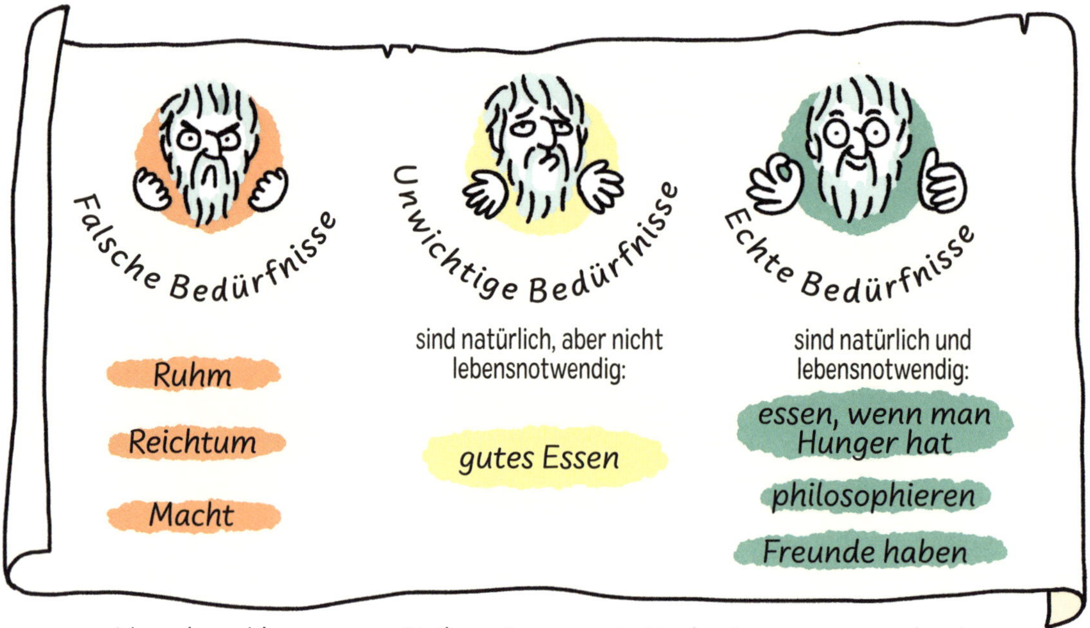
Falsche Bedürfnisse
Ruhm
Reichtum
Macht
Unwichtige Bedürfnisse
sind natürlich, aber nicht lebensnotwendig:
gutes Essen
Echte Bedürfnisse
sind natürlich und lebensnotwendig:
essen, wenn man Hunger hat
philosophieren
Freunde haben

Manchmal kann man Epikureismus mit Hedonismus verwechseln.

IRRTUM!
Dieser Keks ist lecker, aber einer reicht. Hier hör ich auf.
Ich bin vernünftig …
Suche nach maßvollem Vergnügen
EPIKUREERIN
DIE LEHRE
Kein Schmerz, kein Übermaß
DAS ZIEL
Moderates Vergnügen in einem weisen und glücklichen Leben finden
VS.
Ich habe einen unendlichen Vorrat an Smarties!
Langsam bekomme ich Bauchweh …
Streben nach unmäßigem Vergnügen
HEDONISTIN
DIE LEHRE
Vergnügen um jeden Preis
DAS ZIEL
Immer noch mehr

4 PRAKTISCHE TIPPS

Wie man durch vier Regeln Leiden heilt und Glück erlangt

KEINE ANGST VOR GÖTTERN HABEN!
Wir machen eine Polonaise...

Das sind perfekte, glückliche Wesen und ... sie kümmern sich nicht um die Angelegenheiten der Menschen!

KEINE ANGST VOR DEM TOD HABEN!
Verschwinde! Ich habe mein Kreuzworträtsel noch nicht fertig!

Solange wir am Leben sind, ist der Tod nicht da. Und wenn er da ist, sind wir nicht mehr am Leben!

IMMER NACH DEM GLÜCK SUCHEN

Dazu muss man maßvoll leben und die Harmonie zwischen Vergnügen und Schmerz anstreben.

DEN SCHMERZ UNTERDRÜCKEN!
BÄH, ist das bitter!
Hättest du lieber eine Spritze, hahaha!
EKELIX
500mg

Aber Schmerz lässt sich nicht immer vermeiden! Manchmal führt ein Schmerz später sogar zu einem Vergnügen ...

Man muss mit dem Philosophieren anfangen, wenn man jung ist …
… und wenn man alt ist, muss man damit weitermachen.
Denn es ist nie zu früh und nie zu spät, um an der Gesundheit der Seele zu arbeiten.*
EPIKUR

* **Brief an Menoikeus**, 4. oder 3. Jahrhundert vor Christus.

Die Stoiker

Die Weisheit, die Selbstbeherrschung und die Unabhängigkeit

Ich werde dich lehren, wie man weise wird und alles akzeptiert, was geschieht …

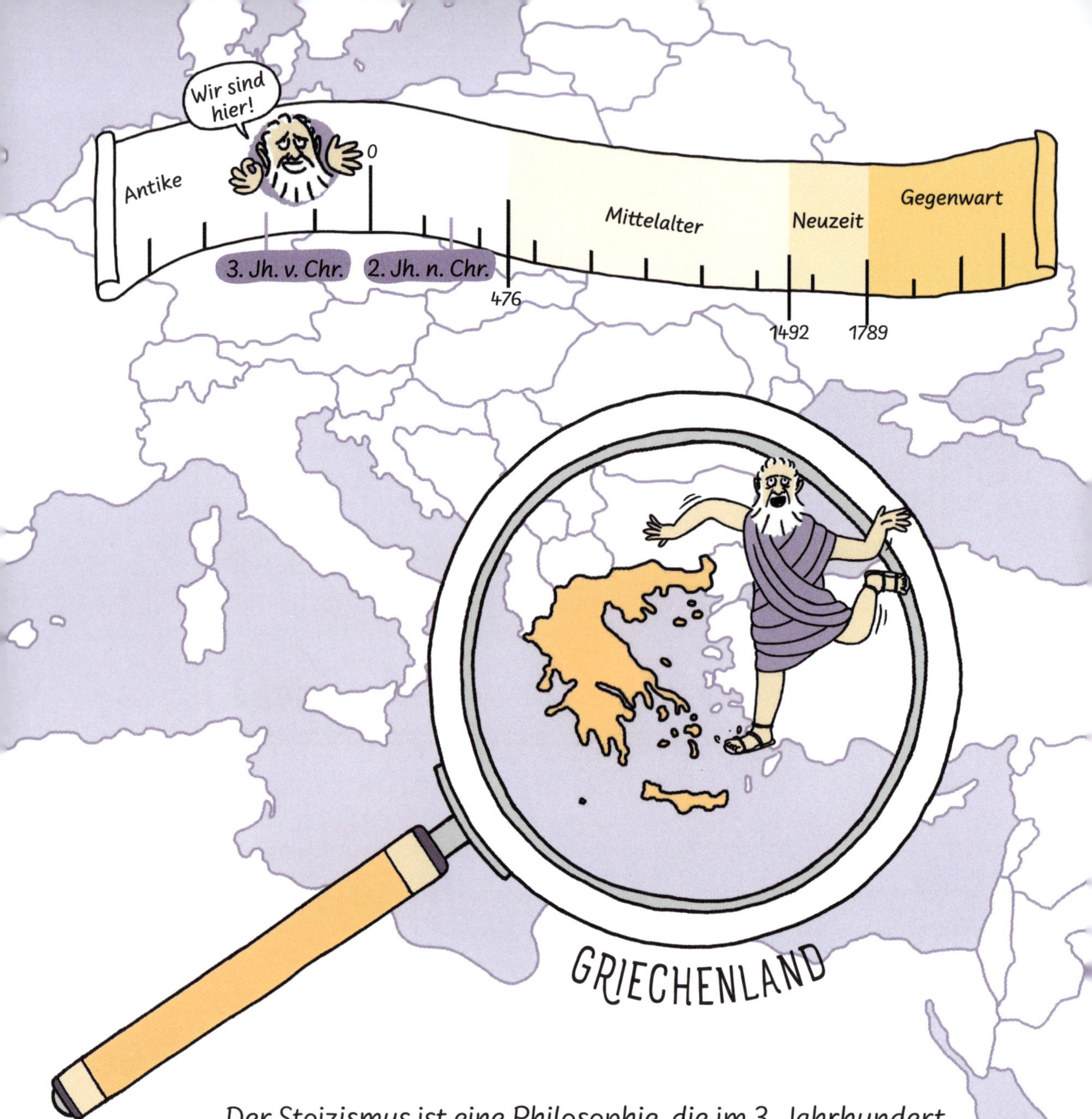

Der Stoizismus ist eine Philosophie, die im 3. Jahrhundert vor Christus von ZENON VON KITION in Athen begründet wurde. Er unterrichtete in einer Säulenhalle*, wie man Weisheit erlangt.

Nach ihm gab es zahlreiche weitere Stoiker, wie Epiktet, Cicero, Seneca oder der römische Kaiser Marc Aurel. Der Stoizismus entwickelte sich bis zum Ende des 2. Jahrhunderts nach Christus weiter.

* *Auf Griechisch* ***stoa.***

Hey, Stelio, was ist los?
Na ja, ich bin ein schlechter Kämpfer und habe Probleme mit dem Einmaleins …
… ich habe auch nie das Gefühl, am richtigen Ort zu sein.
Glaubst du, deine Schule könnte mir helfen, Zenon?
Aber ich bin kein guter Schüler.
Kein Problem. Beim Stoizismus geht es vor allem um den Umgang mit dem Leben!
Ach ja? Was muss man da machen? Gymnastik? Gesundes essen?
Um deinen Platz in der Welt zu finden, musst du diese erst mal betrachten und kennen.
Siehst du sie? Diese Welt! Diese Natur!!!
Sie ist wie ein lebendiges Wesen, das perfekt funktioniert.
Alles ist geordnet, harmonisch, gerecht und schön.
Alles hat seinen naturgegebenen Platz: der Apfel, die Ameisen! Das ist göttlich.

Hmm … das klingt gut, zugegeben … aber wie soll mir das helfen?
Was ist dein Trick?
Nun, jetzt, da du die perfekte Ordnung der Welt kennst …
Ja?
Oh, es fängt an zu regnen!
Pass dich an das große GANZE an, sei eins mit der kosmischen Ordnung.
Arbeite mit dem Schicksal zusammen!
Gut, das werde ich! Aber trotzdem stelle ich mich jetzt unter …

5 PRAKTISCHE TIPPS, DIE DIR HELFEN,
die Welt so zu akzeptieren, wie sie ist, und weise zu werden

BEREUE NICHT.
HOFFE NICHT.
LEBE IM HIER UND JETZT UND LIEBE DAS, WAS IST.
WÜNSCHE DIR NUR DAS, WAS DU SELBST BEEINFLUSSEN KANNST
... UND DASS DU OHNE MURREN ERTRÄGST,
... UND WAS DU NICHT BEINFLUSSEN KANNST.
Das musste ja so kommen! Aber das ist cool, jetzt kann ich die Ameisen beobachten.

Fang jetzt an zu leben
und zähle jeden Tag als
ein Leben für sich!*

Seneca

* *Siehe* ***Briefe an Lucilius****, 63 – 64 nach Christus.*

Hypatia von Alexandria

Die Philosophie gegen den Fanatismus

Endlich eine Frau!

Hypatia wird im ägyptischen Alexandria geboren (das damals unter römischer Herrschaft stand). Ihr Vater unterrichtet sie in Mathematik, später geht sie nach Athen, um Philosophie zu studieren. Sie ist vielleicht die einzige weibliche Naturwissenschaftlerin der Antike!

Hypatia ist Paganin, das heißt, sie glaubt nicht an Gott, aber sie ist den ersten Christen gegenüber sehr tolerant, sie gibt ihnen sogar Unterricht. Leider herrschen schon damals Vorurteile und Intoleranz gegenüber Frauen: Hypatia wird von fanatischen christlichen Mönchen ermordet.

Seitdem ist sie ein Symbol für die GEDANKENFREIHEIT.

Hypatia unterrichtet Astronomie und Philosophie, wobei sie sich auf die Schriften von Platon und Aristoteles stützt. Sie ist Anhängerin des Neoplatonismus. Außerdem hält sie Vorträge und schreibt Handbücher für Fremde.

Und das ist der Mond …

Hypatia ist eine schöne Frau! Aber schon in frühen Jahren beschließt sie, ihr Leben der Wissenschaft zu widmen und nie zu heiraten!
Aber nicht, weil es keine Kandidaten gegeben hätte!
Sie verweigert sich allen »Denkschulen«, lebt ein unabhängiges Leben und gilt als Symbolfigur für den Feminismus*.
Mädels, ich zeige euch, wie man mit Hilfe der Mathematik Regale aufbaut.
So ein Mist! Ich habe eine Vier in Mathe!
Warum das denn?
Du hast doch gute Noten in allen anderen Fächern …
Außer in Botanik, das magst du nicht.
Ich glaube, das ist … genetisch bedingt. Mein Bruder sagt, dass alle Mädchen schlecht in Mathe sind.
So ein Quatsch! Schau mich an, ich bin doch auch eine Frau, oder?
Ja … und?
PTOLEMÉE
ALMAGESTE
Ich habe die schwierigsten mathematischen und astronomischen Texte der Welt gelesen!
Wow! Und wie hast du das gemacht?
Ganz einfach!
Ich habe immer das gemacht, was als Männersache gilt.
Und das klappt?
Du musst dir nur sagen, dass du genauso gut in Mathe bist wie dein Bruder … und bei der nächsten Arbeit wirst du den Erfolg sehen!
Das funktioniert!

* Der Feminismus ist eine Bewegung, die gleiche Rechte für Männer und Frauen in der Gesellschaft fordert: das Wahlrecht, das Recht, Präsident oder Präsidentin zu werden, gleicher Lohn für gleiche Arbeit, gleiche Rechte in der Bildung usw.

EIN PAAR TIPPS

für eine freiere und gerechtere Welt

NEIN ZUM DOGMATISMUS*!
Misstraue Meinungen, die als absolut sicher dargestellt werden ... Häufig verbirgt sich dahinter ein tiefes Unwissen!
Pff, ein Junge mit einer Maus, wie peinlich!
JA ZUR GEDANKENFREIHEIT!
Lass dich nicht von Vorurteilen oder widersprechenden Meinungen beeinflussen. Sag freiheraus, was du denkst!
Ich finde das süß!
JA ZUR GLEICHBERECHTIGUNG!
Begegne den anderen immer auf Augenhöhe!
Komm, wir pflücken zusammen einen Apfel!
NEIN ZUM FANATISMUS!
Sei tolerant gegenüber Menschen, die anders sind als du oder an etwas anderes glauben.

* *Dogmatismus ist eine philosophische oder religiöse Haltung, die jeden Zweifel und jede Kritik ablehnt.*

Und hier meine letzten Erfindungen!
Ein Astrolabi-um, mit dem man die Position von Ster-nen berechnen kann. Und ein Hydroskop, um unter Wasser sehen zu können.
Man muss immer seine Grenzen erforschen, vergiss das nicht!

Hypatia von Alexandria

Die Philosophen des Mittelalters

Kann man Philosoph sein und an Gott glauben?

Bevor man etwas glauben oder wissen kann, muss man erst einmal verstehen!

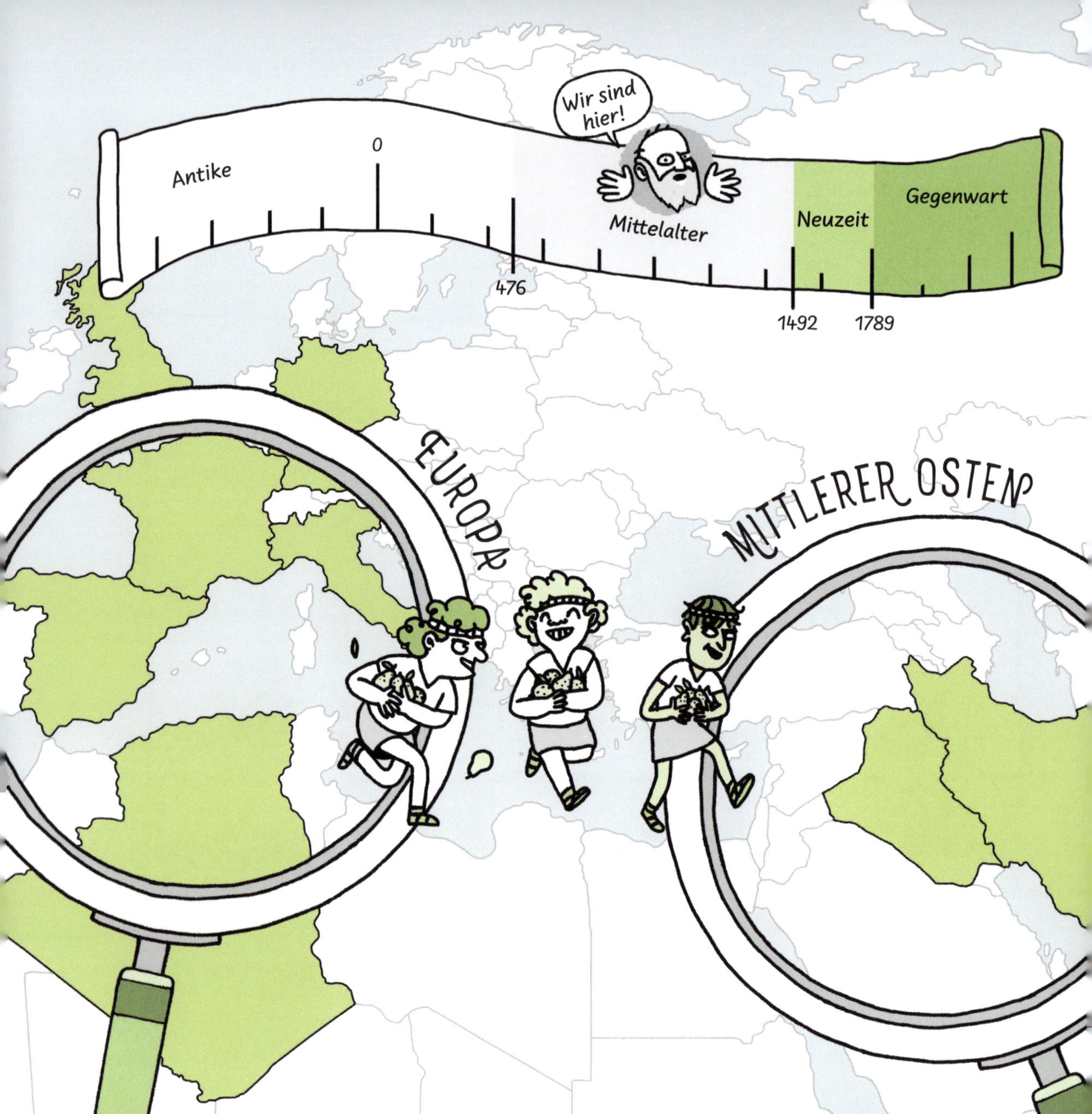

Die Philosophen des Mittelalters haben viel zur Verbreitung der Philosophie des antiken Griechenlands beigetragen, wie die von Aristoteles und Platon.

Sie haben die griechischen Texte ins Arabische und dann ins Lateinische übersetzt und versucht, sie mit ihrer christlichen oder muslimischen Gedankenwelt in Einklang zu bringen. Aber im antiken Griechenland gab es den Glauben an einen einzigen Gott nicht.

Deshalb war die Herausforderung groß: Es galt, den Glauben an Gott und die menschliche Vernunft, die für die griechischen Philosophen so wichtig war, miteinander zu verknüpfen.

»Der Glaube geht voran, die Vernunft folgt.«
AUGUSTINUS VON HIPPO (Algerien, 354–430)
»Wie schon Aristoteles sagte, die Zeit muss irgendwann begonnen haben. Das bedeutet, Gott hat sie geschaffen … und existiert! Und es gibt nur einen, Allah!«
AL-KINDĪ (Irak, 801–873)
»Ich habe Aristoteles' Metaphysik 40-mal gelesen!«
AVICENNA (Usbekistan, 980 – Iran, 1037)
»Um die heiligen Schriften zu lesen, muss man seinen kritischen Geist einsetzen und manchmal auch zweifeln …«
ABAELARD (Frankreich, 1079–1142)
»Der christliche Glaube und die Vernunft dürfen sich nicht widersprechen!«
THOMAS VON AQUIN (Italien, 1225–1274)
»Der Unterschied liegt darin, dass die Menschen begrenzt sind, Gott aber ist unendlich!«
DUNS SCOTUS (Schottland, um 1266 – Deutschland, 1308)
»Gott ist allmächtig, aber nicht für alles, was auf der Welt passiert, verantwortlich! Manchmal ist es das Feuer (und nicht Gott!), das brennt …«
WILHELM VON OCKHAM (England, um 1285 – Deutschland, 1347)

Augustinus von Hippo war ein berühmter christlicher Philosoph. In seiner Jugend war er ziemlich rebellisch, wie er in seinen »Bekenntnissen« beschreibt. Dort gesteht er seine Fehler und erzählt von seiner Bekehrung zum Christentum.
Oh, was für schöne Birnen, schau mal, Augustinus.
Ich würde gerne eine probieren.
Das erinnert mich an meine Jugend …
Ach? Und an was?
Ich gestehe dir eine Sünde, Lena. Als Jugendlicher habe ich eines Nachts mit meinen Freunden die schönsten Birnen gestohlen. Ich war ein Nichtsnutz, und trotzdem habe ich die Philosophie geliebt!
Hihihi!
Hahaha!
Hähähä!
Na ja, Birnen … das ist doch nicht so schlimm, oder?
Doch, weil wir es nur aus Spaß gemacht haben! Wir haben sie an die Schweine verfüttert!
Hohoho!
Hahaha!
Höhöhö!

Stimmt, das war dämlich …
Ja, weil es uns nur um den Spaß am Stehlen ging.
Du warst also tatsächlich ein Dieb.
Du musst es nicht gleich übertreiben …
Und wie ist es ausgegangen?
Du hast hoffentlich keine Großmütter ausgeraubt?
Allein konnte ich mich von meinen schlechten Neigungen nicht befreien. Deshalb habe ich Gott meine Sünden gebeichtet!
Und was ist passiert?
Er hat mir VERZIEHEN!
Ein wahres Wunder.
Uff … ich lasse die Birnen trotzdem lieber am Baum hängen. Man weiß nie. Außerdem sollte man nicht stehlen!
Weißt du, dass es das BÖSE in Wahrheit gar nicht gibt!
Ähm … ich fürchte, ich kann dir nicht folgen, Augustinus …
Gott istgütig, er kann das Böse nicht geschaffen haben.
Das Böse entsteht, wenn der Mensch sich vom Guten abwendet.

Die Philosophen des Mittelalters, die man »Scholastiker« nennt, haben sich auch Gedanken über die Sprache und ihre Unterschiede gemacht.

MITTELALTER-TV

präsentiert

KAMPF DER UNIVERSALGELEHRTEN

mit den Stargästen...

Thomas von Aquin
der »Realist«

Für ihn gibt es universelle Konzepte wie die Menschlichkeit, das Animalische, die Schönheit etc.

VS.

Wilhelm von Ockham
der »Nominalist«

Für ihn gibt es keine universellen Konzepte. Es sind nur Worte, die uns beim Denken helfen. Nur Dinge existieren wirklich.

Wisst ihr, Miezi und Tiger, dass es eine universelle Katze gibt, die ich in euch beiden wiederfinde …
Hört nicht auf ihn! Er redet dummes Zeug. Es gibt nur euch, Miezi und Tiger und eure Freunde …
Alles andere sind nur Worte.

Ockham hat ein Prinzip entwickelt, das im Leben hilfreich ist:

OCKHAMS RASIERMESSER:

Verkompliziere die Dinge nicht, wenn es einfach sein kann!

Kinder, schaut euch die beiden Szenen an und macht euch Notizen!
OKAY, BOSS!
Szene 1
Szene 2
Nun, was sagt ihr?
Die Katze hat den Fisch gefressen?
Nein, ich weiß es!
Außerirdische haben den Fisch aufgelöst, weil er ihr größter Feind war …
… aber die Mission ist nicht ganz gelungen, es sind Fischreste übrig geblieben …
Psst... was erzählt dein Freund denn da?
Keine Ahnung, ich kapier's auch nicht...
Hmmm, ich bin eher für die Erklärung mit der Katze.
Na klar, warum kompliziert, wenn es auch einfach geht? Eine Erklärung auf der Basis dessen, was wir schon wissen, genügt!

Indem wir zweifeln, suchen wir, und indem wir suchen, finden wir die Wahrheit.*
Abaelard

* *Siehe* ***Sic et Non*** *1122.*

Michel de Montaigne

Die Philosophie gegen Dogmatismus und Vorurteile

Ja, ich bin Humanist! Aber ich mag auch Tiere!

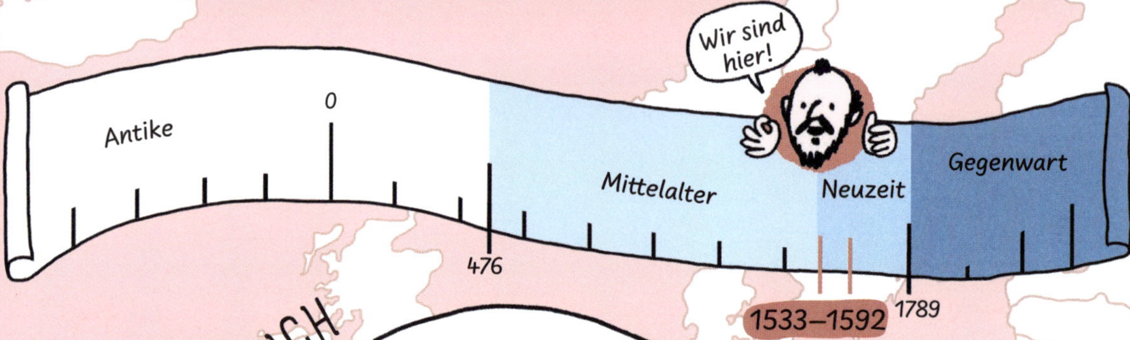

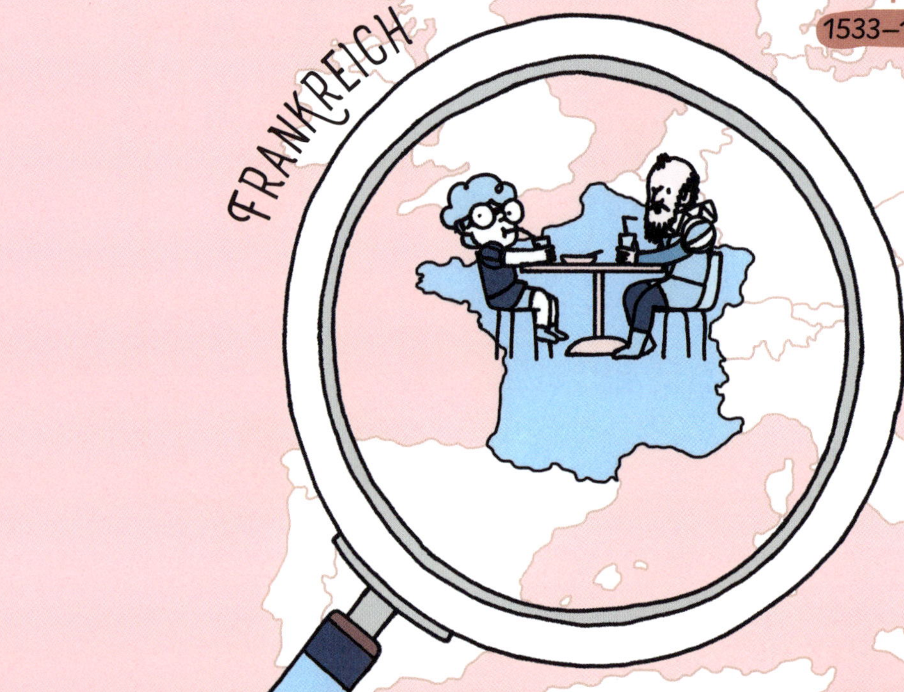

Der kleine Michel wird in eine reiche Kaufmannsfamilie aus Bordeaux geboren. Sein Vater lässt ihn von einem Lehrer unterrichten, der mit ihm nur Latein spricht! Später wird Montaigne Gerichtsrat und verwaltet den Familienbesitz. Er richtet im Turm des Familienschlosses eine Bibliothek ein, wo er liest, studiert und sein berühmtes Werk zu schreiben beginnt, die ESSAIS.

Er formuliert seine intimsten Gedanken über das menschliche Leben und sein eigenes Dasein. Das Werk wird zu einer der ersten Autobiografien der Geschichte.

Montaigne ist ein Erbe des Humanismus, einer im 14. Jahrhundert einsetzenden Bewegung, in der der Mensch über allem steht.

Seine persönlichen Betrachtungen setzen sich kritisch mit der Philosophie und den Religionen auseinander.

Zur Zeit Montaignes toben in Frankreich Religionskriege.

Welche Seite hat recht, Montaigne?
Oh, gute Frage, mein Kleiner … wie so oft, ja wie eigentlich immer, lässt sich nicht sagen, wo die Wahrheit liegt!

Ach nein?? Aber wenn man sich nicht für eine Seite entscheidet, was dann?
Nun ja, dann denkt man nach, widerruft getroffene Urteile …
… und fragt sich: WAS WEISS ICH?
Ähm… Vorsicht, dein Kopf.

Zur gleichen Zeit entdecken die Europäer Amerika. Viele halten die Ureinwohner des neuen Kontinents für Wilde! Montaigne widerspricht diesen Vorurteilen.

Schau mal, Montaigne, sie sind ja fast nackt … Warum zum Teufel tragen sie keine Kleidung wie wir?
Findest du nicht, dass sie sich die gleiche Frage über uns stellen könnten, mein Junge?
Schau dir diesen Kragen an. Muss man den wirklich tragen?
Außerdem kratzt er.
Und sie essen mit den Händen? Haben sie keine Messer und Gabeln?
Es ist noch gar nicht so lange her, da haben wir es ganz ähnlich gemacht!
Ich konnte meine Hände noch nie richtig nutzen!
Wie diese Völker waren wir früher auch enger mit der Natur verbunden.
Stimmt, damals gab es noch keine Krägen.
Meinst du, sie sind glücklicher als wir?
Kann gut sein!

In ihrer Sprache gibt es keine Worte für schlechte Taten, wie Lüge oder Verrat.
Heißt das, so etwas gibt es bei ihnen nicht?
Vielleicht …
Ehrlich gesagt, Montaigne, ich frage mich, ob nicht wir die Wilden sind!
Hmmm, da ist was dran…

Damals hält man Tiere für Maschinen ohne Verstand, aber Montaigne ist seiner Zeit voraus: Er vertritt die Meinung, dass es zwischen Tieren und Menschen eine Verbindung gibt!

Aber trotzdem war er nicht bereit, auf den Verzehr von Tieren zu verzichten, wie zum Beispiel Austern …

Aua!
Was ist los, Montaigne?
Ich habe zu viele Austern gegessen … und jetzt habe ich Nierensteine!
Das ist eine schmerzhafte …
Oh, schau mal! Eine Schwalbe baut ihr Nest!
Meine Nierenschmerzen interessieren dich nicht, oder?
Wow! Sie sucht kleine Zweige und Moos, um es sich noch gemütlicher zu machen!
Da sind die Tiere wie die Menschen, weißt du!
Meinst du, sie sind intelligent?
Natürlich!
Sprechen sie miteinander?
Sagen wir, sie haben eine Möglichkeit, sich untereinander zu verständigen! Und sie machen instinktiv Dinge, zu denen Menschen nicht fähig sind …
Zum Beispiel?
Kannst du ein so perfektes Netz weben?
Und Perlen in Muscheln wachsen lassen, das ist schon großartig, oder?
Du hast recht, Montaigne, Tiere sind manchmal klüger als Menschen. Zum Beispiel …
… welches Tier würde so viele Muscheln fressen, dass es ihm hinterher schlecht geht?
Ähm ja, aber ich mag ihren salzigen Geschmack …

4 PRAKTISCHE REGELN,
die dir im Leben weiterhelfen können!

HALTE DICH NICHT FÜR BESSER ALS ANDERE!
Gut, wenn du meinst, dass das ein schönes Spiel ist …
Jeder wie er mag…
FANG SCHON GANZ FRÜH MIT DER PHILOSOPHIE AN, das macht Spaß!
Ein Glück, dass ich philosophiere!
Das macht richtig Spaß!
UM KLÜGER ZU WERDEN, sage dir, dass du nichts weißt!
Nun, wenn ich klüger wäre, könnte ich mich befreien.
Das ist ja witzig, sie haben mich hier vergessen…
UMGIB DICH MIT WAHREN FREUNDEN! Das ist eine der wichtigsten Erfahrungen überhaupt.
Hahaha! Du bist dran, du musst mich fangen!

Warum sind wir Freunde, lieber Montaigne?
Weil du du bist und ich ich.*
ÉTIENNE DE LA BOÉTIE
MICHEL DE MONTAIGNE

* *Aus dem Essay, »Über die Freundschaft«, 1595.*

René Descartes

Auf der Suche nach der absoluten Sicherheit

Das alles ist falsch! Das ist nicht die Realität!
Soweit wir wissen, bin ich sogar in einem Buch...

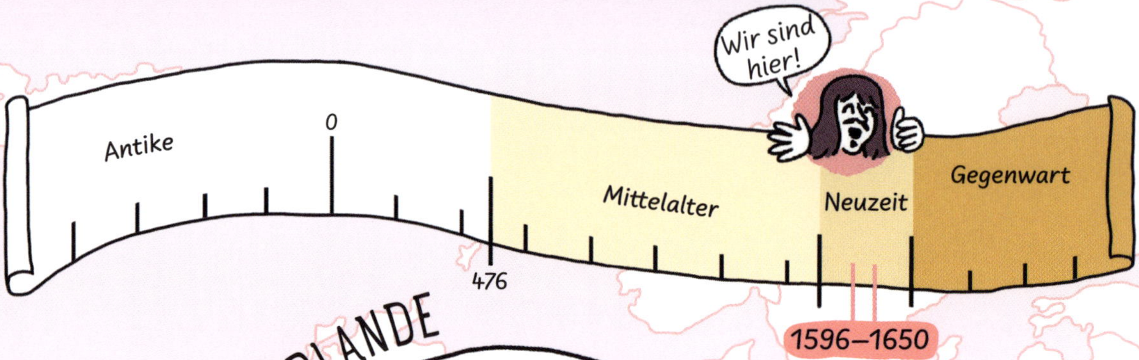

Der kleine René wird in der französischen Provinz Touraine geboren, hier verbringt er auch seine Kindheit. Er ist ein etwas empfindlicher Junge (er steht nie vor 11 Uhr auf), aber sehr begabt. Er interessiert sich für alles Mögliche, ganz besonders für die Mathematik.

Nach seinen Studien geht er erst nach Paris, bevor er sich 1628 in den toleranteren Niederlanden niederlässt.

Dort beschließt er, eine neue Philosophie zu entwickeln. Er will selbst beurteilen, was richtig und was falsch ist. Er hat Schwierigkeiten mit den Kirchenoberen, die seine Ideen für gefährlich halten.

Aber seine Denkweise ist ein Wendepunkt:
Er ist der ERSTE MODERNE PHILOSOPH!

Am Anfang sucht René nach einer Methode, um die Wahrheit in der Philosophie und der Wissenschaft zu finden. Seine erste Idee ist ebenso einfach wie radikal: ALLES IN ZWEIFEL ZIEHEN!
Gehe ich, oder zieht die Stadt an mir vorbei?
Ist dieser Baum wirklich aus Holz?
Sind das echte Tulpen, oder sind sie aus Stoff?
Frische Tulpen, ganz frische Tulpen!
Tulpen
An dem ZWEIFELN, was in den BÜCHERN steht ...
Ein Schinken-Toast mit BROT?!
Diese Franzosen haben vielleicht Ideen!
100 EINFACHE REZEPTE
... und was unsere SINNE uns sagen.
Ist das ein Sofa?
Aber der Geruch ist merkwürdig...

Um die Dinge wirklich zu begreifen, kannst du dich nicht nur auf das verlassen, was du fühlen oder hören kannst!
Und noch weniger auf das, was du siehst!
Vor allem du, mein Schatz …
Ach, und warum nicht?
Freundin von René, die leicht schielt
Ein Beispiel: Wie viele Seiten hat dieser Würfel?
6!! Und trotzdem siehst du nur 3.
Es sind also nicht deine SINNE, die dich zur Wahrheit führen, es ist deine VERNUNFT.
Sie lässt dich die Verbindungen zwischen den Dingen erkennen und identifizieren.
Aber dann, lieber René …
Wie kann ich sicher sein, dass meine Sinne mich nicht täuschen?
Oder dass ich nicht träume?
Oder nicht klar im Kopf bin?
Beruhige dich, meine Liebe!
Es gibt etwas, das wir niemals anzweifeln können und uns zu sicheren Erkenntnissen führt.
Und das wäre?
Ich selbst! Ich, der zweifelt! Weil ich zweifle, denke ich, und wenn ich denke, ist das ein Beweis für meine Existenz!
Cogito ergo sum
»Ich denke, also bin ich!«

Aber wenn ich immer an allem zweifele, dann glaube ich an gar nichts mehr.
KEINESWEGS!

Der systematische und universelle Zweifel ist nur eine notwendige Etappe, um alles in Frage zu stellen:

DIE ÜBERZEUGUNGEN AUS DEINER KINDHEIT …
DAS WISSEN AUS BÜCHERN …
UND DAS, WAS DU SIEHST …

Das Ziel ist, dir absolut sicher zu sein.

UND JEDER HAT SEINEN EIGENEN WEG!
DER SKEPTIKER
glaubt nicht, dass es eine absolute Wahrheit gibt.
DER CARTESIANER
zweifelt an allem, um die Wahrheit herauszufinden
Unmöglich …
IST DER MENSCH WIRKLICH ZUM MOND GEFLOGEN?
Aber wie hat er das gemacht?

4 REGELN FÜR DIE SUCHE

nach der absoluten Wahrheit!

DAS OFFENSICHTLICHE
Etwas ist nur dann wahr, wenn dein Geist absolut überzeugt ist.

DIE ANALYSE
Versuche ein GROSSES Problem in viele kleine Probleme zu zerlegen.

DIE SYNTHESE UND DER DENKPROZESS
Bring Ordnung in deine Gedanken, fange bei den einfachen Dingen an und komme nach und nach zu den komplexeren.

Ich bin nicht gern allein …
Ich habe lieber Spaß mit Freunden …
Jules und Lena sind meine besten Freunde, und ich verbringe gerne Zeit mit ihnen …
Morgen sind meine Eltern nicht da, und ich bin allein …
Ich werde Jules und Lena zum Spielen einladen.

DIE AUFZÄHLUNG
Schreibe möglichst vollständige Listen!

Die Schinken-Toast-Liste

SCHINKEN
- SCHWEIN
  - Auslauf
  - Schlamm
  - Kartoffelschalen
- SALZ
  - Salzgarten
    - Meer
    - Sonne

TOASTBROT
- MEHL
  - Weizen
    - Feld
    - Körner
    - Ochse + Pflug
- WASSER
  - Quelle
  - Krug
- OFEN

Descartes' Einfluss auf die Naturwissenschaften ist erheblich. Ihm verdanken wir auch das Adjektiv »CARTESIANISCH«. Ein cartesianischer Geist verfügt über klare, logische und methodische Denkmuster.

Die Fliege …
Die Karos …
2
1
0
1
2
Ich spüre, dahinter steckt ein geometrischer Satz …
Meine Liebe!
Bringt mir Papier und eine Feder!

Ich gebe,
also bin ich!
Ups!
Ich denke, also
bin ich!*

René Descartes

* *Siehe* ***Abhandlung über die Methode****, 1637.*

Spinoza

Die Freude

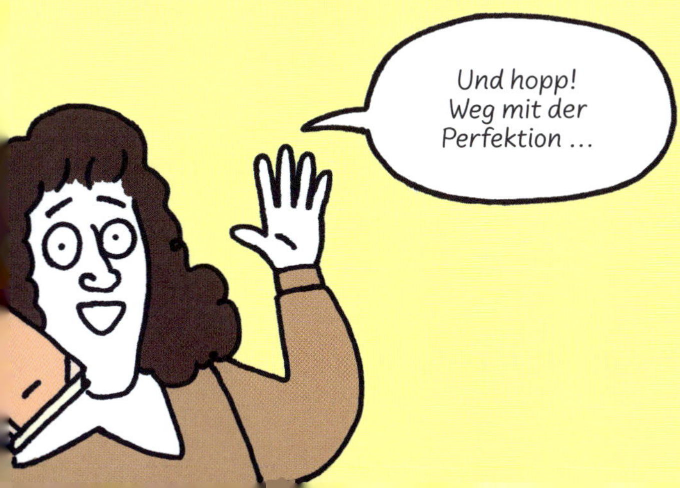
Und hopp! Weg mit der Perfektion …

Baruch de Spinoza wird in Amsterdam in eine jüdische Familie geboren, die vor der Verfolgung aus dem katholischen Portugal geflohen ist.

In den Niederlanden herrscht mehr Toleranz. Dort entdeckt Spinoza die Philosophie. Sein Geld verdient er mit dem Polieren von Linsen und Mikroskopen.

Aber auch hier unterliegen seine Gedanken über Politik und Religion der Zensur. Wegen dieser Informationskontrolle kann er zu Lebzeiten sein wichtigstes Werk nicht veröffentlichen: die ETHIK.

Für Spinoza können die Menschen durch die Nutzung der Vernunft in FREUDE leben und traurige Gefühle bekämpfen.

Spinoza meint, dass unser Körper und unser Geist ständigen Veränderungen unterworfen sind: verursacht werden sie von Affekten, wie Begierde, Freude und Trauer.

Ich bin so glücklich! Meine Freundin Lena kommt zum Spielen.
Das ist schön, mein Junge, diese Erfahrung wird dich zu einem besseren und perfekteren Menschen machen.
Ähm … wir spielen nur ein bisschen Fußball, Spino … nichts Großartiges, wir wollen einfach Spaß haben.
Aber eine Umarmung von ihr würde mir schon gefallen …
Umso besser! Die Freude hilft dir, ein besseres Leben zu führen. Man muss vor allem traurige Gefühle vermeiden.
Traurige Gefühle?
Ja, zum Beispiel …
BEREUEN
SCHLECHTES GEWISSEN
ANGST
WUT
BESESSENHEIT
Aha, und wie mache ich das?
Vertraue deiner Vernunft: Sie sagt dir, was gut für dich ist und was nicht.
Ah, verstehe … meine Vernunft zeigt mir den Weg zur Freude.

Spinoza ist ein Schüler von Descartes: Für beide steht die VERNUNFT an erster Stelle. Aber es gibt auch einen kleinen Unterschied zwischen ihnen …

Descartes trennt Körper und Geist, das nennt man DUALISMUS.

Ich muss mich nicht gut ernähren, um gut denken zu können!

Spinoza hingegen sieht Körper und Geist als Einheit, das nennt man MONISMUS.

Ich muss meinen Körper gut ernähren und pflegen, damit auch mein Geist genährt wird.
Mmh, ich liebe dieses Parfüm.

Für Descartes ist Gott allmächtig und unfehlbar, er steht über uns. Das nennt man TRANSZENDENZ.

Huhu!

Spinoza ist Pantheist*. Für ihn ist Gott in allem. Wir Menschen sind demnach ein Teil von Gott. Das nennt man IMMANENZ.
Keine Sorge, ich halte mich über Wasser. Ich bin ein Teil von Gott!

* Vom Griechischen **pan**, »alles«, und **theos**, »Gott«.

4 TIPPS, DIE DICH ZUR FREUDE *führen werden!*

Sei PRÄSENT in der Welt und wünsche dir das, was dein Leben bereichert!
Benutze deine Vernunft, um zu verstehen, was dich TRAURIG macht, und versuche, es zu vermeiden.
Benutze deine Vernunft, um zu verstehen, was dich GLÜCKLICH macht. Und folge diesem Weg!
Wenn du deiner Vernunft folgst, kannst du frei sein. Die Ursachen deiner Gefühle zu kennen, führt dich zur BEFREIUNG!

Liebe ist Freude, begleitet von der Idee einer äußeren Ursache.*
Baruch de Spinoza

* *Siehe* **Die Ethik**, 1677.

Die Empiristen

Die Erfahrung als Quelle der Erkenntnis

Wenn du wirklich weise werden willst, versuche, möglichst viele Erfahrungen zu machen!
Aber pass auf, dass du dich nicht verbrennst …

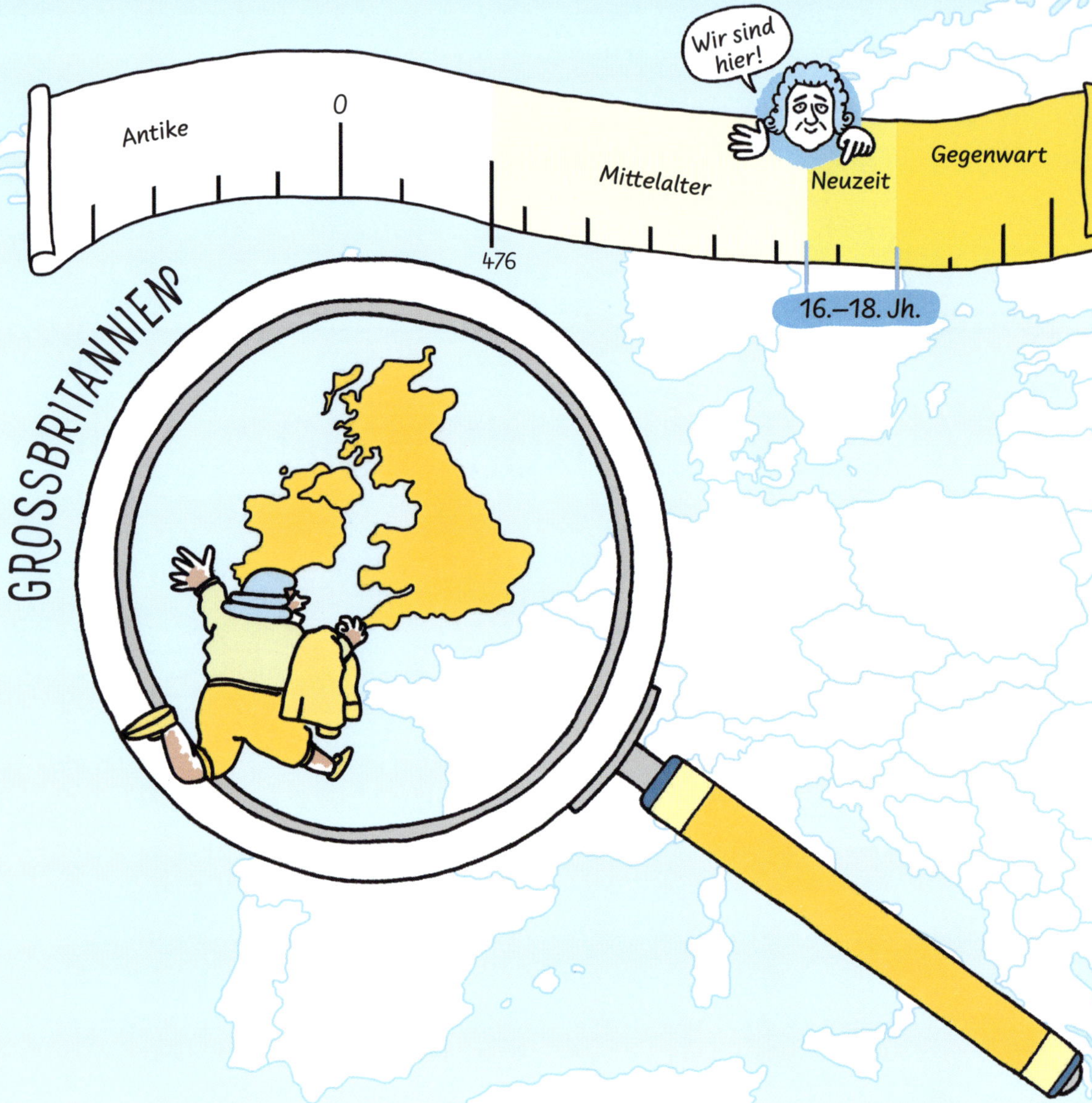

Woher kommen unsere Erkenntnisse oder unser Glauben?

Aus unseren ERFAHRUNGEN! Das ist die Vorstellung gewisser Philosophen, die »Empiristen« genannt werden.

Der moderne EMPIRISMUS, der sich vor allem ab dem 16. Jahrhundert in Großbritannien entwickelte, steht der Lehre von Descartes (in der Nachfolge Platons) gegenüber. Seine Lehre besagt, dass der Mensch schon mit gewissen Ideen geboren wird, wie die Vorstellung der Wahrheit oder die von Gott (das nennt man INNATISMUS).

Hier einige berühmte Empiristen:

Unser Geist ist wie eine Tabula rasa*.
Nur die Wahrnehmung und der Geist, der wahrnimmt, sind real!
Es ist überhaupt nicht sicher, dass die Sonne auch morgen wieder aufgeht.
Oder ob ich sie mit eigenen Augen sehen werde …

JOHN LOCKE (1632–1704) | GEORGE BERKELEY (1685–1753) | DAVID HUME (1711–1776)

Meerwasser ist salzig, das weiß ich seit meiner Geburt!
Aha, das Meerwasser ist salzig.
INNATIST
VS.
EMPIRIST

* Wie eine »leere Fläche« oder ein unbeschriebenes Blatt wird unser Geist jungfräulich geboren und von der Erfahrung geformt.

Machen wir ein kleines Experiment mit Stelio und JOHN LOCKE.

Hallo, Stelio.
Hast du Hunger?

Entschuldige, Locke, aber ich mag keinen Spinat, ich nehme lieber einen Burger.
Das ist kein Spinat, Stelio, das ist Mangold.
Gut, aber das ist das Gleiche.
Das mag ich nicht.
Woher weißt du das? Hast du es schon probiert?
Nein, das nicht, aber …
Mein Junge, alles Wissen basiert auf Erfahrung!
Du kannst nicht wissen, ob du es magst oder nicht …
Mmh, lecker.
Hier, probier mal!
Igitt, das schmeckt nicht!
Jetzt ist dein Urteil wenigstens begründet.

Für DAVID HUME ist es wichtig, dass wir verstehen, wie unser Geist funktioniert, bevor wir die Gesetze der Natur und die Welt um uns herum studieren. Wissen basiert auf zwei Arten von Empfindungen:

EINDRUCK

BERUHT AUF UNMITTELBARER ERFAHRUNG.
DAS SIND UNSERE SINNESEINDRÜCKE, UNSERE LEIDENSCHAFTEN UND UNSERE GEFÜHLE, DIE SICH KRAFTVOLL IN UNS EINSCHREIBEN.

Ah, einfach herrlich, die Sonne!

VORSTELLUNG

SIE IST EINE **KOPIE DES EINDRUCKS** IM DENKEN.

Ich habe die Vorstellung, dass die Sonne brennt …

Großartig! … Das beweist, dass alles, was ich spüre oder denke, auf meiner Erfahrung beruht!
Aua, ist das heiß!

3 REGELN DER EMPIRISTEN,

die dir im Leben weiterhelfen

GLAUBEN
Glaube nicht an Einhörner! Niemand hat je eins gesehen!
Das bedeutet, dass Flöckchen ein … PONY ist?
WISSEN
Bevor du sagst, dass Feuer brennt, musst du die Hitze spüren!
Aha, jetzt beginnt es, warm zu werden.
Und es riecht nach verbrannten Haaren…
ÄSTHETIK
Bevor du sagen kannst, du magst keinen Mangold, musst du ihn probieren. Meinungen ändern sich.
Ich musste 17-mal probieren, bevor ich Zucchini mochte …
…im Schokoladenkuchen!

Jeder Eindruck verursacht eine Vorstellung, die ihm ähnelt.*

David Hume

* Siehe **Ein Traktat über die menschliche Natur,** 1739.

Immanuel Kant

Die Grenzen der Vernunft

Was hältst du von einem kleinen Spiel?

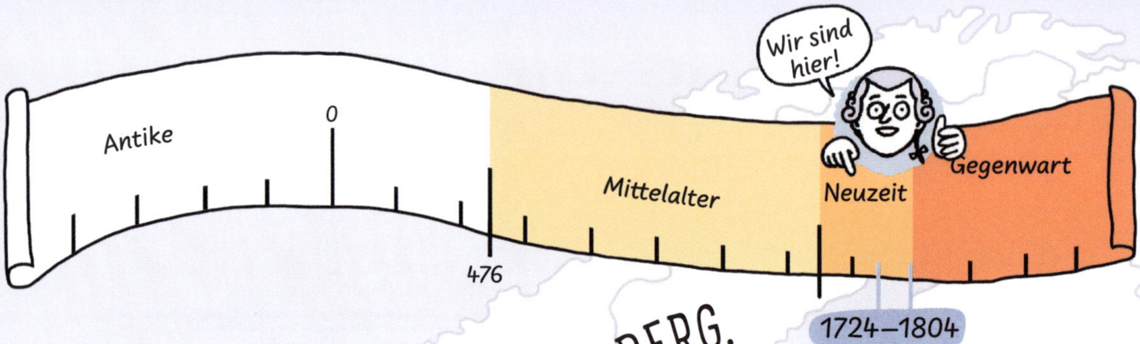

Immanuel Kant ist das vierte von neun Kindern. Er ist in Königsberg geboren und auch dort gestorben, er hat die Stadt nie verlassen. Er ist ein Mann mit festen Gewohnheiten, präzise wie ein Uhrwerk!

Immer wieder ist ihm aufgefallen, dass sich Wissenschaftler meistens einigen können, Philosophen aber nicht. Diese Beobachtung steht am Anfang seiner philosophischen Betrachtungen. Im Laufe von fast 60 Jahren verfasst er drei KRITIKEN, in denen er sich darüber Gedanken macht, was man mit der Vernunft erkennen kann … und wo ihre Grenze liegt. Um sich der Lösung anzunähern, stellt er sich einfachere Fragen wie: Was kann ich wissen? Was muss ich tun? Was ist schön?

SUCHE
Meine Damen und Herren, herzlich willkommen zu unserer Montagabend-Show: »Quiz-Champion«.
Heute haben wir das Vergnügen, einen besonderen Gast begrüßen zu dürfen …
Herr Kant!
Guten Abend, es freut mich, dabei sein zu dürfen.

Gut, Herr Kant, nehmen Sie bitte hinter dem Buzzer Platz, hier kommt die erste Frage …
FRAGE 1
WAS KANN ICH WISSEN?
Da ist sie schon!! WAS KANN ICH WISSEN?
Schwere Frage! Das fängt ja gut an.
Spannend! Eine treffende Frage!
Nun, Herr Kant, die Zeit ist abgelaufen. Ihre Antwort!
Also, ich würde sagen, dass ich die Dinge niemals unabhängig von mir, nur um ihrer selbst willen, erkenne.
Aha … nun … was erkennen Sie denn dann?
Nur die Dinge, die ich im Rahmen meiner Möglichkeiten erkenne …

Nehmen wir diesen Hut.
Ich erkenne ihn nur durch einen »Filter«, meine Sinneswahrnehmung.
Als würde ich die Dinge durch eine Brille mit blau getönten Gläsern sehen. Ich kann diese Brille aber nicht abnehmen und deshalb kann ich die Dinge nie »an sich« sehen.
Schau her, ich erkläre es dir:
PHÄNOMEN
Die Dinge, wie man sie sieht ➡ können erkannt werden
NOUMENON
Die Dinge »an sich« ➡ können nicht erkannt werden
Eine großartige Erklärung, FANTASTISCH!
Und jetzt, Frage Nummer 2:
Frage 2:
WAS MUSS ICH TUN?
Das ist einfach …
Um gut zu handeln, muss man seine Pflicht tun.
Das sagt meine Mutter auch immer.
Oh nein! Die Pflicht, von der ich spreche, ist eine andere. Seine Pflicht zu tun, bedeutet, die vorgegebenen Regeln zu respektieren.
Aber wenn ihr doch die Moderatoren seid, warum muss ich euch dann überhaupt etwas erklären?
Verstehe ich das richtig? Ich könnte eine Regel aufstellen wie »Es ist okay, seinen Nachbarn zu schlagen«?
Und wenn dein Nachbar es genauso macht? Die Regel, die deine Handlung bestimmt, sollte eine universelle Regel sein, die für alle gilt!
Man sollte nicht diskutieren.
Das ist der KATEGORISCHE IMPERATIV.

Zum Schluss, Herr Kant, die letzte Frage …
Das hier ist leicht!
Frage 3:
WAS IST SCHÖN?
Das Schöne ist das, was allen auf der Welt gefällt …
Das heißt U-NI-VER-SAL.
Eine gute Antwort.
Bravo, Sie haben diesen schönen Pokal gewonnen … ich würde sogar sagen, diesen erhabenen Pokal!
Aber nicht doch! Das Erhabene ist etwas Großes oder macht uns Angst.
Schon gut, Herr Kant …
… aber das Quiz ist ohnehin zu Ende, entspannen Sie sich.
Lächeln Sie ins Publikum.

2 EINFACHE REGELN FÜR DEIN LEBEN

nach Kants moralischen Grundsätzen!

HANDLE IMMER SO, DASS DAS PRINZIP DEINER HANDLUNG GUT IST.
Und nicht, weil du dir Glück oder Vergnügen davon erhoffst.

Und hier Bonbons für alle!

RESPEKTIERE stets die anderen ...

... und behandele sie als Selbstzweck und nicht als Mittel zum Zweck.

Soll ich dir in Mathe helfen?
Und was willst du als Gegen-leistung?
Nichts.

Zwei Dinge erfüllen meinen Geist mit Bewunderung und Respekt.
Der Sternenhimmel über mir …
… und das moralische Gesetz in mir.*
Immanuel Kant

* Siehe **Kritik der praktischen Vernunft,** 1788.

Die Aufklärer

Gegen die Dunkelheit der Unwissenheit

Hier entdeckst du, wer der wahre Wolf ist, vor dem du dich in Acht nehmen musst!

Im 18. Jahrhundert haben bestimmte Denker in Europa ein großes Ziel: Sie wollen die Dunkelheit der Unwissenheit mit der Verbreitung von WISSEN vertreiben. Deshalb nennt man sie auch Aufklärer!

Das Symbol dieser Bewegung ist die ENZYKLOPÄDIE von DIDEROT und D'ALEMBERT, die alle verfügbaren Informationen zusammenfasst, um sie einem aufgeklärten Publikum zur Verfügung zu stellen.

Das WISSEN, geführt von der Vernunft und dem Glauben an den Fortschritt, wird zu einem Instrument der FREIHEIT, die der religiösen Intoleranz und dem politischen Absolutismus entgegensteht.

In Frankreich ist die Aufklärung die führende Geisteshaltung …

Ich bin nicht mit dem einverstanden, was ihr sagt, aber ich werde bis zum Schluss dafür kämpfen, dass ihr es sagen dürft!
Frauen und Männer müssen die gleichen Rechte haben!
Alle Menschen haben ein Recht auf Freiheit!
Und alle Menschen verfügen über Vernunft!
Thomas Hobbes glaubt, dass der Mensch des Menschen Wolf ist …
… ich denke, der Mensch ist von Natur aus gut, die Gesellschaft und der Fortschritt sind es, die ihn verderben!
VOLTAIRE 1694-1778
OLYMPE DE GOUGES 1748-1793
DENIS DIDEROT 1713-1784
JEAN LE ROND D'ALEMBERT 1717-1783
JEAN-JACQUES ROUSSEAU 1712-1778

Rousseau veröffentlicht 1762 ÉMILE, ein Werk, in dem er beschreibt, wie man Kinder idealerweise zwischen Freiheit und Experimenten erzieht.*

Jacky, was machst du da?
Ich befreie diese arme Kreatur …
… die seit Geburt eingesperrt ist. Unerhört!
Selbst Tiere sind freier!
Das stimmt, Tiere machen, was sie wollen, und müssen nicht auf ihre Eltern hören!
Eltern sollten ein Kind führen, ihm aber die Freiheit zum Ausprobieren lassen!

* *Kurze Randbemerkung: Rousseau hatte fünf Kinder, um keines hat er sich gekümmert, was ihm schwere Vorwürfe von Voltaire einbrachte.*

Machen wir mit Rousseau eine neue Erfahrung:
Siehst du den Schatten dort, Lena?
Ja, Jacky …
Gut …, kannst du mir sagen, ohne dabei in den Himmel zu schauen natürlich, wo sich der Drachen befindet?
Äh, über dem breiten Weg?
Ausgezeichnet! Siehst du, dafür brauchst du gar keine Bücher!
Du vertraust auf deine Sinne …
… auf Intuition! Beeindruckend, diese Jugend!

OLYMPE DE GOUGES *ist eine Frau, die für ihre Zeit revolutionäre Ideen hatte. Sie kämpfte:*

GEGEN DIE SKLAVEREI und für die Gleichheit und Freiheit aller.

FÜR DIE GLEICHHEIT VON MÄNNERN UND FRAUEN, auf der ihre »Erklärung der Rechte der Frau und Bürgerin« beruhte (ihre Reaktion auf die »Erklärung der Menschen- und Bürgerrechte« von 1789).

Nun, meine Herren …
Ich glaube, Sie haben die Bürgerinnen vergessen!

GEGEN DIE ZWANGSHEIRAT von jungen Frauen und für das Recht auf **SCHEIDUNG** (sie selbst wurde mit 16 Jahren verheiratet).

4 PRAKTISCHE TIPPS

für ein aufgeklärtes Leben!

VERNUNFT
Benutze deine Vernunft wie eine Taschenlampe, mit der du alles in der Welt beleuchtest!
WISSENSCHAFT
Experimentiere und benutze deine Sinne, um dein Wissen zu vergrößern!
ABERGLAUBE
Glaube nicht alles, was die anderen erzählen ...
13
13
FREIHEIT
Bewahre deine Freiheit und begrenze die Freiheit anderer nicht. Niemand ist der Sklave eines anderen!
Hey, Vorsicht, du blendest mich mit deinem Licht!
Ups, sorry!

Wenn die Frau das Recht hat, auf dem Schafott zu sterben, dann hat sie auch das Recht, auf der Rednertribüne zu stehen!*
Olympe de Gouges

* »Erklärung der Rechte der Frau und Bürgerin«, 1791.

Karl Marx

Denken, Handeln und Gemeinsinn

Hast du Lust, ein bisschen die Welt zu verändern?
Nimm dir eine Pommes, um Energie zu sammeln…

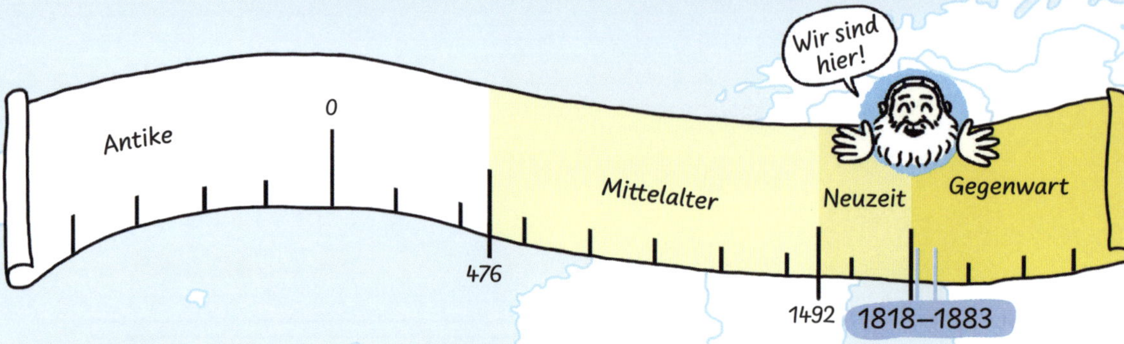

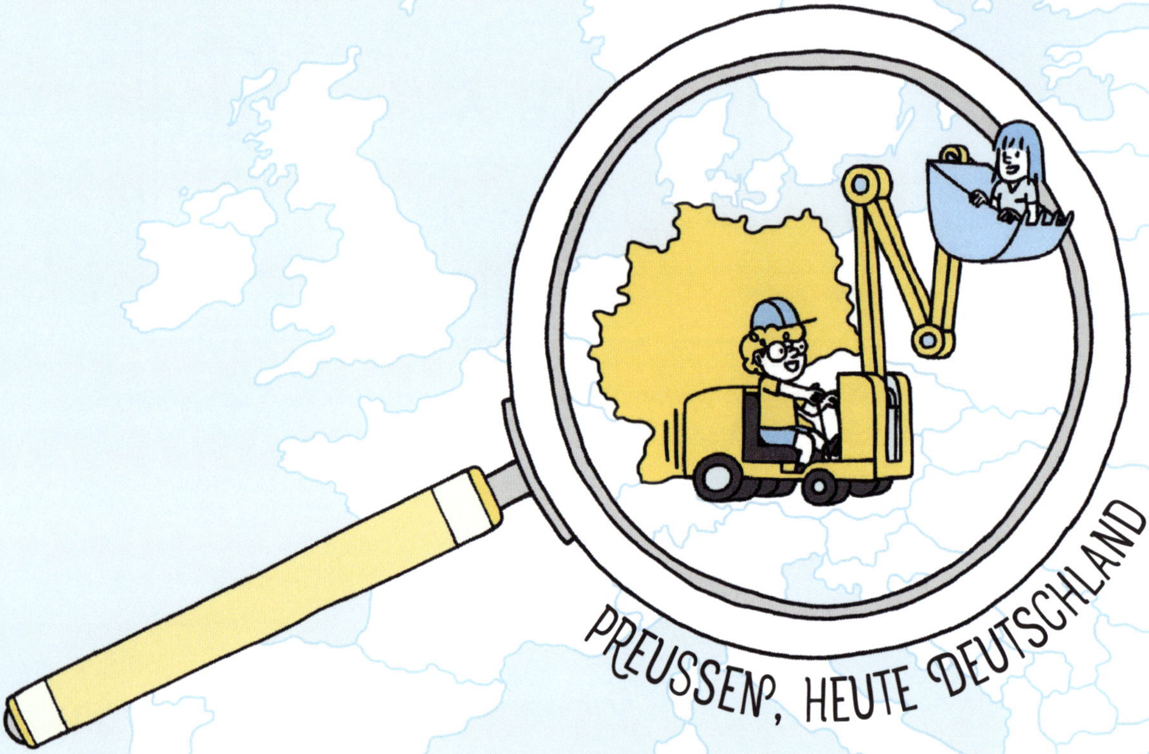

Der kleine Karl wird in eine kinderreiche Familie in Preußen geboren. Seine Eltern waren ursprünglich Juden, konvertieren aber zum Protestantismus. Karl wird jedoch nicht religiös erzogen und sein Leben lang der RELIGION kritisch gegenüberstehen.

Zu dieser Zeit herrscht in Europa die industrielle Revolution, und viele Fabrikarbeiter (darunter auch Kinder!) leiden unter schlechten Arbeitsbedingungen. Sie werden von einer Minderheit ausgebeutet, die die Macht und die Produktionsmittel besitzen: dem Bürgertum.

Marx kritisiert dieses System und wird zu einem der berühmtesten Philosophen der Welt. Sein Name wird für immer mit dem KOMMUNISMUS verbunden sein.

MARX PRÄSENTIERT EUCH DEN KOMMUNISMUS

ARBEITER
VS.
CHEF
verfügt nur über seine Arbeitskraft
der Kapitalist
besitzt die Fabrik, die Produktionsmittel und das Geld
Der Arbeiter wird im Kapitalismus dazu gezwungen, seine Arbeitskraft an den Kapitalisten zu verkaufen, um Geld zu verdienen und zu überleben. Das ist eine Schande!
Aber ich habe eine Lösung: Man muss den Chefs die Produktionsmittel aus den Händen nehmen …
Arbeiten zu müssen, nur um seine Grundbedürfnisse zu befriedigen, steht der wahren Natur des Menschen entgegen! Er entfremdet sich von sich selbst.

Schau mal, Marx! Meine Nachbarin hat mich gebeten, ihren Hund auszuführen!
Wunderbar, Stelio, das hilft dir, erwachsen zu werden und dich selbst zu verwirklichen!
Ja …
Halt … ganz ruhig!
Oje, ein wilder junger Hund.
Autsch!
Aber vergiss nicht! Die Arbeit sollte dich nicht von dir selbst entfremden!
Hmm, das geht sicher nicht gut aus.
NEEEEEEEEEEEEEEEEEEEEEIIIIIIIIIN

Nein, nein … mir gefällt das … wirklich! Und vor allem verdiene ich 10 Euro!
Vorsicht, Stelio!
Leider bist du dem System auf den Leim gegangen! Zum Glück bin ich da!
Das Geld ist eine dämonische Macht, von Menschen erfunden, um sich selbst zu versklaven!
Schau dich an, du bist schon der Sklave eines Hundes!
Das ist das Ziel des KA-PI-TA-LIS-MUS!
Und weil Menschen nur an Geld denken, vergessen sie, was ihnen wirklich Spaß macht …
Ah, da bist du ja wieder.
Oh, mach dir wegen mir keine Sorgen, Marx …
Ich weiß, dass mir diese Arbeit Spaß macht.

Hallo, Marx, du siehst weise aus …
… hast du eine Idee, wie man die Welt um uns herum verstehen und erklären könnte?
Natürlich, mit Dia-lek-tik!
Eine geniale Methode, mit der man die Menschen und die Welt von Grund auf verstehen kann!
Wie mein Freund Hegel sagt, muss man die Gegensätze zusammenbringen:
1 + 2 = 3
THESE:
Fritten sind lecker
ANTITHESE:
Fritten sind ungesund
SYNTHESE:
Fritten sind halbwegs gut für die Gesundheit
Die Widersprüche in Gesellschaft und Wirtschaft sind der Antrieb der Geschichte. Sie bestimmen das Bewusstsein des Menschen und nicht umgekehrt!
Man erklärt die Wirklichkeit nicht durch die Ideen, sondern die Ideen auf der Basis der Wirklichkeit!
Das heißt, ich denke, weil ich esse?
Man muss die Dialektik wieder »auf die Füße stellen«.
Als würde man die Fritten wieder in die Tüte stecken.

4 PRAKTISCHE REGELN,
die dir im Leben helfen können!

TEILEN
Teile das, was du hast, mit den anderen. Es ist ein Fehler zu denken, dass die Dinge dir gehören, nur weil du sie besitzt!

Willkommen bei uns! Du darfst gerne meine Lieblingstasse nehmen!
Oh, das ist echt nett.
Igitt, sie ist dreckig.

SOLIDARITÄT
Hilf den anderen, damit sie sich selbst verwirklichen können!

Vielen Dank, ich bin schon viel zu spät dran.
Macht es dir was aus, mich direkt in der dritten Etage abzusetzen?

GELD
Lass dich von Geld nicht blenden, suche dir eine Arbeit, die dir Spaß macht!

Das ist mein Traumberuf!
Ich brauch noch ein Schiff für mein Praktikum …

NATUR
Versuche, deine wahre Natur zu finden, und folge ihr!

Was für niedliche Tiere!
Was für ein schönes Leben!

Der Unterschied zwischen einem Architekten, der Häuser entwirft, und einer Biene, die einen Bienenstock baut …
… ist, dass die Häuser bereits im Kopf des Architekten existieren, bevor es sie wirklich gibt!
Die Fantasie ist dem Menschen eigen, sie ist Teil seiner Natur.*
Karl Marx

* Siehe **Das Kapitel**, 1867.

Friedrich Nietzsche

Das Denken als Revolte

Wenn du weiterliest … wirst du lernen, das zu werden, was du bist!
Sei der Meister und der Gestalter deiner selbst!

Als junger Mann ist Friedrich Nietzsche unschlüssig, was er werden soll: Pastor (wie sein Vater), Musiker oder Philosoph. Schließlich verwirft er die Religion und wird Professor für Philologie (Wissenschaft von Sprache und Literatur). Er leidet unter starken Kopfschmerzen und muss deshalb sein Lehramt aufgeben, um in einem milderen Klima zu leben: in Frankreich und Italien.

Nietzsche ist berühmt dafür, viele Leitsätze in Frage zu stellen, auf die sich Philosophen vor ihm gestützt haben. Seine Gedanken sind so mächtig, dass man von ihm sagt, er habe Philosophie »MIT DEM HAMMERSCHLAG« betrieben.

Im Winter 1889 umarmt er angeblich in den Straßen von Turin, Italien, ein Pferd, das man ausgepeitscht hat. Er bricht in Tränen aus und wird dann ohnmächtig. Dann verfällt er dem Wahnsinn.

Hey, Fritz, alle sagen, du wärst Superman …
Schau mal, ich bin Supergirl!
Das sehe ich, Lena …
Ich denke, du willst eher sagen, dass ich ein ÜBERMENSCH bin!
Das ist nicht das Gleiche wie ein Superheld, wie Spiderman oder Batman …
Und ist der Unterschied die Maske?!!
Ähm, nicht wirklich. …
Der Übermensch ist derjenige, der immer JA zum Leben sagt, auch wenn es sich unendlich wiederholt …
Du meinst, jemand, der immer gehorsam ist?
Im Gegenteil!
Der Übermensch weiß, dass die allgemeine Moral, also das, was du laut den anderen tun oder lassen sollst, nicht immer richtig gut ist.
Deshalb zerstört er diese Moral, wie mit einem Hammerschlag, und schafft seine eigenen Werte, um seinem Leben Sinn zu geben.

Echt …
Cool!
Der Übermensch ist immer gut gelaunt und frei im Geist!
Ich verstehe.
Gib mir den Hammer … Ich will meinem Leben Sinn geben!!

Ich stelle dir zwei griechische Götter vor, die sich auf unterschiedliche, aber sich ergänzende Art und Weise mit dem Leben beschäftigt haben:

Ich tanze …
Ich er-schaffe …
Ich bin voller Leben!
Du übertreibst nicht zufällig ein bisschen, oder?
Ich bin der Gott der Mäßi-gung und der Ordnung …
… bei mir werden nie Grenzen über-schritten!
Und du könntest hin und wieder etw lockerer sein
DIONYSOS
VS.
APOLLON

4 PRAKTISCHE REGELN,

um ein Übermann … oder eine Überfrau zu werden!

DIE LEBENSKRAFT
Nimm an, was das Leben dir zu bieten hat, mit Freude und in Freiheit!

Komm her, Kleiner, ich habe einen Geheimgang gefunden, um in die Bäckerei zu kommen!
Nein danke, das sieht eher wie ein Geheimgang ins Gefängnis aus …

DIE EWIGE WIEDERKEHR
Auch wenn sich vieles in deinem Leben stets wiederholt, nimm es jedes Mal an!

Spielen wir noch mal?
Gut, aber auf dem nächsten Level?
NEUE RUNDE?
JA o NEIN o

DIE ZERSTÖRUNG DER HERRSCHENDEN MORAL (VOR ALLEM DER CHRISTLICHEN!) Stelle immer in Frage, was man als gut oder schlecht betrachtet. Manchmal täuschen sich die anderen auch!

Ent-schuldigt, Jungs!
Ich mache mir lieber mein eigenes Bild!

DIE SCHÖPFUNG
Wenn du die herrschende Moral beiseitegeschoben hast, schaffe dir deine eigenen Werte. Sei der Meister deines Lebens und nicht sein Sklave!

Das ist hübsch, was ist das?
Ich versuche, meine eigenen Werte zu schaffen.

Man muss Philosophie mit Hammerschlägen machen.
Und alle Gewissheiten zerschlagen.
Nicht der Zweifel ist es, der wahnsinnig macht, sondern die Gewissheit!*
Friedrich Nietzsche

* *Siehe* **Ecce Homo**, *1908.*

Hannah Arendt

Das Denken als Handeln

Lesen ist gut, aber manchmal muss man auch handeln!

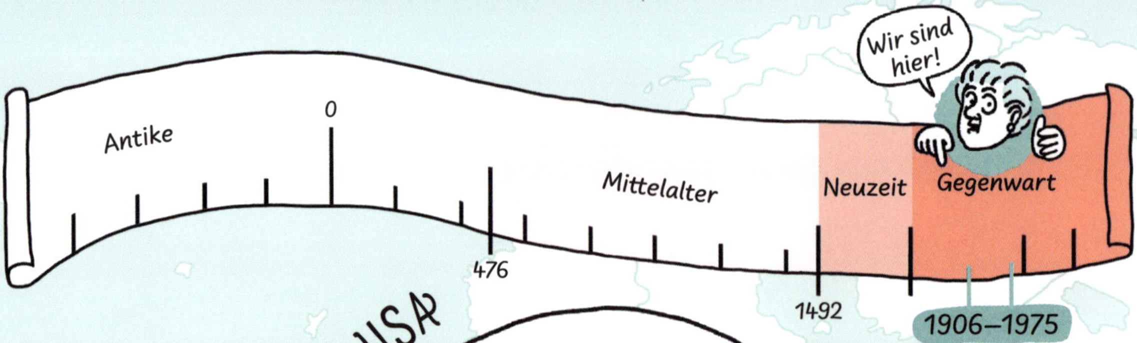

Hannah Arendt wird in einer jüdischen Familie in Deutschland geboren. Mit Adolf Hitlers Machtübernahme 1933 verlässt sie ihre Heimat, um der Verfolgung durch die Nazis zu entkommen.

Diese Erfahrung bringt sie dazu, über die Frage nach dem BÖSEN und dem Ursprung des TOTALITARISMUS nachzudenken: ein politisches System, in dem der Staat alle Macht und der Einzelne wenig Freiheit hat.

Hannah Arendt stützt sich auf antike Denker, vor allem auf Aristoteles, und kritisiert die MODERNE als Epoche, in der der Mensch Politik zum Eigeninteresse und nicht für das Gemeinwohl macht.

Die totalitären Systeme schränken die FREIHEIT des Individuums ein …
Es gibt keine Kommunikation mehr zwischen den Menschen. Die GEWALT und das SCHWEIGEN haben die Handlung und die Diskussion ersetzt.
Das BÖSE entsteht aus einem Mangel an Vernunft, dieser ist wiederum das Resultat aus dem Fehlen von Freiheit.

Hannah beschränkt sich nicht darauf, nach dem Ursprung des Bösen zu forschen. Sie fragt sich, wie man sich vor der Sehnsucht nach einem totalitären System schützen kann. Sie kommt zu dem Ergebnis, dass man das politische Handeln verändern muss.

Jeden Abend zwingen mich meine Eltern, mein Zimmer AUFZURÄUMEN. Das ist ungerecht!
Jeden Tag das Gleiche! Das nutzt gar nichts, das ist reine Zeitverschwendung!
Draußen herrscht Krieg, das ist wichtig!
Findest du das gerecht, Hannah?
Ähm …
Nun ja, Spaß macht das nicht …

Und wie du schon in deinem Buch* schreibst, ist Zimmer aufräumen nicht mal ein WERK schaffen …
… wie zum Beispiel eine Brücke oder ein Haus bauen.
Das hat wenigstens einen Zweck und ist von Dauer.
Ich will etwas Bleibendes schaffen, jawohl!
Und ich spreche nicht mal darüber, wie wichtig PHILOSOPHIEREN oder POLITIK machen ist!
Das gibt dem Leben Sinn!
Tatsächlich denke ich, dass …
Klopf, klopf
Stelio? Hast du endlich dein Zimmer aufgeräumt, mein Schatz?
NEIN! Denn ich denke mit Hannah gerade über den Nutzen von Zimmeraufräumen nach …
Ah, guten Tag, Hannah, ich habe dich gar nicht gesehen.
Los jetzt, Stelio, räum dein Zimmer auf. Wenn dort Ordnung herrscht, kannst du besser denken!
Hast du eigentlich noch diese kleinen Zimttörtchen?

* ***Vom tätigen Leben,*** *1958.*

Diese hübsche kleine Geschichte erlaubt uns, drei Dinge zu unterscheiden …
DIE ARBEIT
Der Aufwand, der uns ermöglicht, die Mittel für unseren Lebensunterhalt zu erhalten. Aber das Ergebnis ist nicht dauerhaft.
Homo laborans
Und morgen wieder das Gleiche …
DAS WERK
Das Ergebnis einer handwerklichen Arbeit, die Können erfordert. Das Werk kann an zukünftige Generationen weitergegeben werden.
Meine Kinder und meine Kindeskinder werden an diesem Tisch essen …
Homo faber
DIE HANDLUNG
Handeln bedeutet, aktiv zu werden und etwas anzustoßen. Es hat eine politische Dimension.
Vita activa
Kinder, heute werden wir uns Gedanken darüber machen, wie wir eine bessere Welt schaffen können!

Die Moderne hat die Handlung durch Arbeit ersetzt, was als Konsequenz zur Unterbrechung der KOMMUNIKATION und zur ISOLATION des Einzelnen geführt hat.

4 PRAKTISCHE REGELN,

um dich im Leben zurechtzufinden!

Verschreibe dich der VERNUNFT und tue nichts Böses, auch wenn man es von dir verlangt!
Seid ihr sicher, dass ihr hier wohnt?
Jaja, wir haben nur unseren Schlüssel vergessen.
Mach dir keine Gedanken!
Löse Konflikte nie mit Gewalt, sondern durch DISKUSSION.
Aufhören!
Was wird eure Mutter sagen, wenn ihr die Halskette kaputt macht?
Lass dich nicht von der Arbeit versklaven, sondern versuche, im Sinne des KOLLEKTIVS zu handeln.
Firmen-schwimmbad
Erholung
Produktivität
Wasserrutsche
Wer hat den Praktikanten hier ein Schwimmbad bauen lassen?
Lass nichts einfach geschehen, sondern HANDLE!
€
Soso …
Ihr habt mir doch gesagt, ihr wollt ihr die Einkäufe tragen helfen.

Der Mensch darf nie aufhören nachzudenken. Das ist der einzige Schutz gegen die Barbarei.*

Hannah Arendt

* *Siehe* **Eichmann in Jerusalem. Ein Bericht von der Banalität des Bösen**, *1963.*

Die Existenzialisten

Herr über das eigene Leben sein

Nicht vergessen: Wir sind unsere Entscheidungen!
Das setzt unter Druck, das stimmt.

FRANKREICH, DEUTSCHLAND UND DÄNEMARK

Die existenzialistischen Philosophen betrachten jeden Menschen als Herr über sein eigenes Leben. Der Mensch kann FREI ÜBER SEINE HANDLUNGEN und die Werte, an denen er sich orientieren möchte, entscheiden.

Aber … ist das immer so einfach?

Der berühmteste Vertreter des Existenzialismus in Frankreich ist JEAN-PAUL SARTRE, der mit seinem Buch DER EXISTENZIALISMUS IST EIN HUMANISMUS seine Ideen verbreitet hat. Sartre wurde von dem dänischen Philosophen SÖREN KIERKEGAARD und dem deutschen Philosophen MARTIN HEIDEGGER beeinflusst.

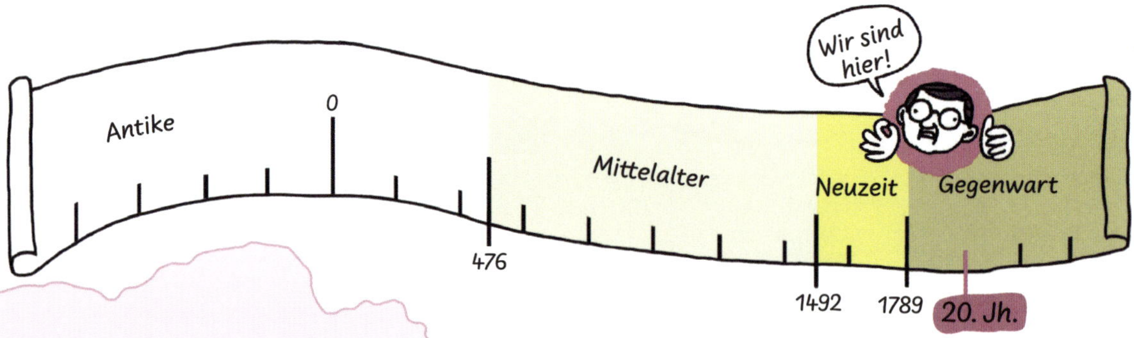

Die Menschen sind dazu verurteilt, FREI zu sein!
Diese Entscheidungsfreiheit kann den Menschen lähmen, und er spürt nur die ANGST!
Die ANGST vor dem eigenen TOD ist die fundamentale existenzialistische Frage.
JEAN-PAUL SARTRE (Paris, 1905–1980)
SØREN KIERKEGAARD (Kopenhagen, 1813–1855)
MARTIN HEIDEGGER (Meßkirch, 1889– Freiburg i. Br., 1976)

Hallo, Sartre, wie geht's?
Nicht so gut, Lena. Mir ist übel …
Aber keine Sorge, das passiert mir öfter …
Ich hab sogar überlegt, darüber ein Buch zu schreiben.*

Ansonsten … Krawatte oder Fliege?
Weißes oder hellblaues Hemd für das Essen heute Abend?
Ahh, das nervt mich! Ich kann mich nicht entscheiden!
Wir sind dazu verurteilt, frei zu sein! Und die ganze Zeit Entscheidungen zu treffen!
Übertreibst du nicht, Sartre? Das ist doch gut, oder?
Denk an Gefangene, die haben keine Wahl.
Auf jeden Fall heute Abend keine Fliege …

** Und das hat er auch gemacht! 1938 erscheint sein berühmtestes Werk,* ***Der Ekel,*** *in dem es aber nicht um Bauchschmerzen geht!*

Aber selbst die Gefangenen sind frei! Sie haben jederzeit die Wahl. Sie können frei entscheiden, wer sie sind.
Leben und Freiheit sind Synonyme!
Wie geht das?
Nehmen wir diesen Brieföffner. Er existierte zuerst als Idee im Kopf des Menschen, der ihn hergestellt hat, oder?
Ähm, ja.
Das bedeutet, dass sein Wesen seiner materiellen Existenz vorausgegangen ist.
Wir Menschen wurden jedoch von keinem Geist und auch nicht von Gott geschaffen.
Und doch ist die Existenz des Menschen eine Tatsache. Jeder Mensch muss sich demnach selbst definieren, sich selbst erfinden …
… und das gilt auch für dich. Jeden Tag …
… triffst du Entscheidungen.
Wo waren wir? Ach, ja … ich soll diese Fliege tragen, die ist genial und außerdem originell.
Nein, das haben wir nicht gesagt!

Zusammenfassend unterscheidet Sartre:

DIE DINGE

Ja, aber wir stellen uns auch weniger existenzielle Fragen!
… haben keine Wahl, etwas anderes zu sein …
… besitzen eine klar umrissene Natur …
… haben eine »Essenz«.

Sie sind Objekte »an-sich«.

DIE MENSCHEN

So viel Freiheit …
Aber was fangen wir damit an?
Ihre »Existenz« wird nicht von einer »Essenz« vorbestimmt.
Sind frei, ihr Leben zu bestimmen.
Haben ein Bewusstsein.

Sie sind Wesen »für-sich«.

3 PRAKTISCHE REGELN,

die man nicht vergessen sollte!

FREIHEIT
Denke daran, dass du immer eine Wahl im Leben hast, du musst ständig eine Entscheidung treffen!

VERANTWORTUNG
Du bist für deine Entscheidungen verantwortlich, denke deshalb immer daran, welche Konsequenzen sie für andere haben.

Hey, was ist das denn?

ARGLIST
Akzeptiere, dass eine Entscheidung nicht auf Gemeinheit basieren darf, und trage die Verantwortung.

Entschuldigung, mein Herr. Das war ich! Tut mir leid!
Möchten Sie Kirschen?

Die Hölle, das sind die Anderen.*

Jean-Paul Sartre

* *Siehe Drama* **Geschlossene Gesellschaft,** *1943.*

Simone de Beauvoir

Für die Gleichheit von Männern und Frauen

Los, Mädels, steht auf!

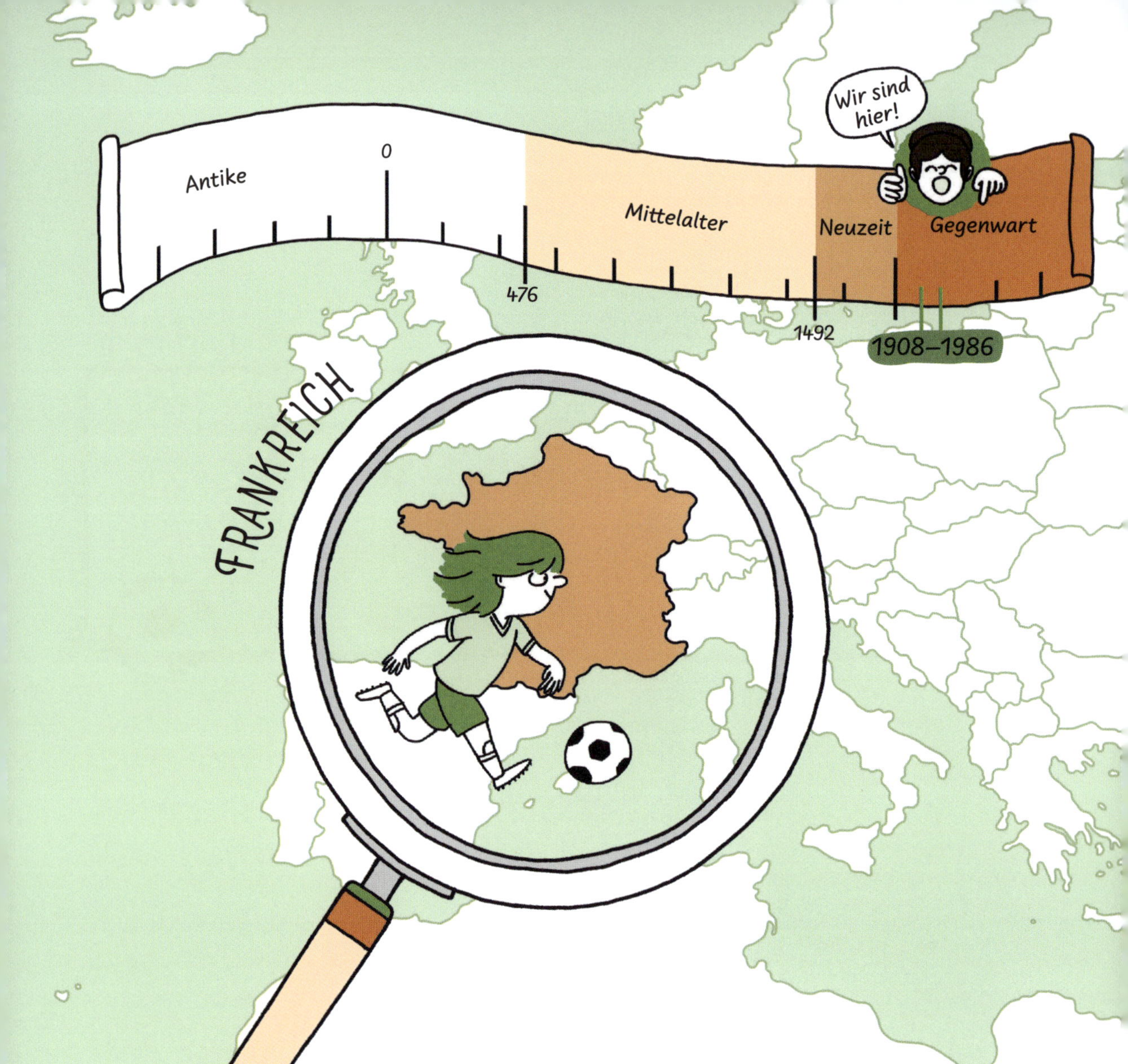

Die kleine Simone wurde von ihrem Vater, der lieber einen Sohn gehabt hätte, dazu angehalten, viel zu lesen und zu studieren, damit sie später ihren Lebensunterhalt selbst verdienen könnte. Vielleicht hat diese in dieser Zeit außergewöhnliche Erziehung dafür gesorgt, dass sie einen freien und unabhängigen Charakter entwickelt hat.

Mit ihrem Buch DAS ANDERE GESCHLECHT hat Simone de Beauvoir als Philosophin die Frauenbewegung der 1970er Jahre maßgebend beeinflusst.

Sie ist Existenzialistin, wie Jean-Paul Sartre, mit dem sie eine Liebesbeziehung, aber auch eine intellektuelle Beziehung hat.

Männer und Frauen werden gleich geboren!
Es ist die Gesellschaft, die ihnen später unterschiedliche Rollen zuweist.

Wenn ich groß bin, möchte ich eine berühmte Malerin werden …
Das ist schön, Lena!
Aber meine Freundin Anna hat gesagt, dass das nicht geht, weil das nur Männer können …
… wie Leonardo da Vinci, Picasso …
Die Liste ist lang.
Hör nicht auf sie, Lena!
Es stimmt schon, es war früher schwer für eine Frau, anerkannt zu werden, aber die Dinge haben sich nach und nach verändert. Du kannst tun und lassen, was du willst!
In der Literatur oder der Philosophie zum Beispiel spielen immer mehr Frauen eine wichtige Rolle!
Du hast recht, Simone!
Ich werde sofort mit meinem ersten Meisterwerk beginnen!
Denk dran, erst Farben zu kaufen…

EINE PRAKTISCHE REGEL,

die dir im Leben helfen wird!

Lass dir nicht von anderen einreden, dass das, was du machst und denkst, nur für Mädchen oder für Jungs ist! Fühle dich frei in deinem Denken und Handeln!

Man wird nicht als Frau geboren …
… man wird dazu gemacht.*
Simone de Beauvoir

* Siehe **Das andere Geschlecht**, 1949.

Die Sprachphilosophen

Oder die linguistische Wende

Die Philosophie ist kein Grundprinzip, sondern eine Handlung!
Fang damit an!

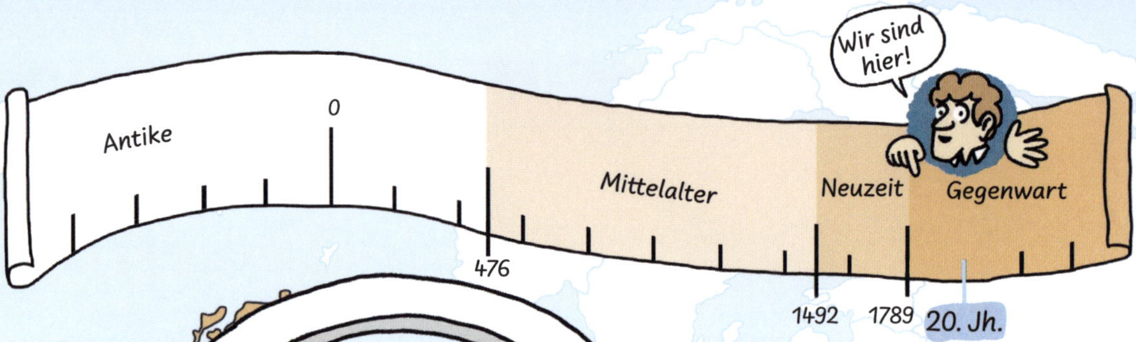

ÖSTERREICH, GROSSBRITANNIEN, USA

Warum haben die Dinge einen Namen? Gibt es eine Verbindung zwischen Wörtern und Dingen? Oder zwischen dem, was ich sage, und dem, was ich denke?

Im 20. Jahrhundert stellen sich viele Philosophen die Frage nach der Sprache und ihrer Beziehung zur Realität und zum Denken.

BERTRAND RUSSELL, ein engagierter Intellektueller und Pazifist, und sein Schüler LUDWIG WITTGENSTEIN, ein exzentrischer Denker, der sich als Ingenieur anfangs mit Luftfahrt beschäftigt hat, versuchen Antworten auf diese Fragen zu finden.

1911 spielt sich in Russells Arbeitszimmer an der Universität Cambridge Folgendes ab:
Sagen Sie mir bitte, ob ich ein kompletter Idiot bin oder nicht?
Warum fragen Sie mich das?
Mein lieber Kollege, das weiß ich nicht.
LUDWIG WITTGENSTEIN (Wien, 1889 – Cambridge, 1951)
BERTRAND RUSSELL (Großbritannien 1872–1970)

Wenn ich ein kompletter Idiot bin, werde ich Luftfahrttechniker werden …
… aber wenn ich es nicht bin, werde ich Philosoph.
Mmh, verstehe … Um diese Frage zu beantworten, schlage ich Ihnen vor, einen kurzen Essay über ein selbstgewähltes philosophisches Thema zu schreiben.

Einige Tage später:
Gut, mein Freund, ich habe ihn gelesen: Werden Sie kein Luftfahrttechniker!

Für WITTGENSTEIN enthüllt die Philosophie nichts Geheimnisvolles über die Welt. Es gibt nichts Neues zu entdecken, alles ist schon da! Er versucht, keine Theorie zu konstruieren, sondern ein zusammenhängendes Bild unserer Darstellungsformen.

Hallo, Ludwig!
Über was denkst du nach?
Ich untersuche die Beziehungen zwischen der Welt und der Sprache.
Aha? Und was bedeutet das?
Nun, Lena, dass es keinen Zweifel gibt: Die Welt ist die Gesamtheit der Tatsachen, nicht der Dinge.
Die Dinge – die Häuser, die Menschen, die Bäume usw. – existieren nur als Tatsachen, das heißt, es findet etwas statt.
Das ist der erste Grundsatz meines **Tractatus logico-philosophicus.**
tractatus logico PHILosophicus
Toller Titel, was?

Ähm, langsam, Ludwig, ich verstehe gar nichts.
Ich meine, nicht alle sind ein Genie wie du.
Das ist ganz einfach: Die sinnvollen Sätze sind einzig und allein die, die Tatsachen beschreiben …
… die Ereignisse, die auf der Welt stattfinden.
Zum Beispiel: Das Telefon wurde 1860 von Antonio Meucci erfunden.
Es wurde aber auch Zeit!
Puh, das ist kompliziert, aber ich verstehe …
Wollen wir zur Erholung ein Eis essen?
Aber es regnet …
Aber, Ludwig, bist du verrückt? Schau doch, draußen scheint die Sonne!
Oh, weißt du … »Heute scheint die Sonne« oder »Heute regnet es« … egal.
Beide Sätze sind sinnvoll, weil sie überprüft werden können …
Nur der erste ist wahr und der zweite falsch …
Exakt! Du hast alles verstanden!

Später im Park:
Ich habe auch etwas geschrieben. Ein Gedicht. Lies mal. Ist das nicht toll?
Nun ja, schon. Aber es hat keinen Sinn!
Was? Warum? Ich finde meinen Text super.
Ich auch, aber er lässt sich nicht überprüfen.
Die ästhetischen Urteile über das, was schön oder hässlich ist, die moralischen Urteile über Gut und Bose, die Glaubenssätze …
… all das hat keinen Sinn!
Plötzlich zählen nur die Wissenschaft und die Schönheit, die Werte oder der Glaube sind nicht mehr wichtig?
Doch, wichtig schon, aber sinnlos! Das alles gehört zu dem, was ich MYSTIK nenne.
Man kann nicht sagen, ob etwas wahr oder falsch ist. Deshalb kann man auch nicht darüber sprechen und sollte besser schweigen.
Aber es bleibt das Wichtigste im Leben!

Nach dem Tractatus wendet sich der Philosoph etwas anderem zu, weil er dachte, er habe alle Probleme der Philosophie gelöst …

Obwohl er aus einer reichen österreichischen Familie kommt, wird er:

GÄRTNER
in einem Kloster
LEHRER
in einem kleinen österreichischen Dorf

Ende der 1920er Jahre kehrt Wittgenstein zur Philosophie zurück und widmet ihr die zweite Hälfte seines Lebens … Er leugnet seine Ansichten über die Sprache, die er im ***Tractatus*** *vertreten hat, und entwickelt die Bezeichnung SPRACHSPIEL.*

DIE SPRACHE IST WIE EIN SPIEL, EIN GESCHEHEN, BEI DEM MAN REGELN FOLGEN MUSS.

Aha, genau wie beim Fußball!
Richtig. Benutze einfach ein Wort, ohne lange über seine Bedeutung nachzudenken.
Seine übliche Nutzung wird dich leiten!

Worüber
man nicht sprechen
kann, darüber muss
man schweigen.*
Ludwig
Wittgenstein

* Siehe **Tractatus logico-philosophicus,** 1921, Abschnitt 7.

Die Philosophie des Nicht-Menschlichen

Der Mensch zwischen Tier und Maschine

Ich könnte niemals Philosoph werden!
Du hast Glück, ein Mensch zu sein...

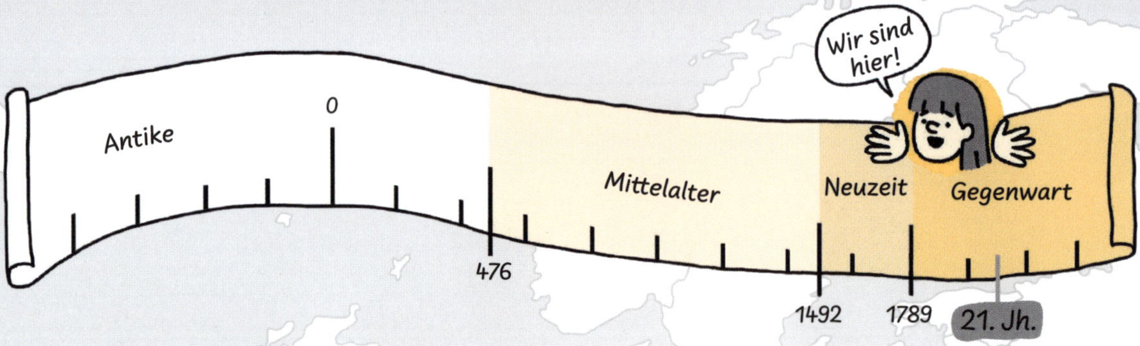

Bis jetzt haben wir uns mit der Philosophie des Menschen beschäftigt.

Was, wenn wir über die GRENZEN DES MENSCHSEINS hinausgehen würden? …

Denken wir zum Beispiel über die Beziehung zwischen Mensch und TIER nach, oder über die Möglichkeit einer durch Technologie veränderten menschlichen Natur bis hin zur Schaffung eines MASCHINEN-MENSCHEN!

IST DER MENSCH
ein Tier wie alle anderen?
Glaubst du, dass er träumt?
Na klar!
Manchmal zuckt er im Schlaf zusammen … ich bin sicher, dass er sogar Albträume hat!
Wie seine Albträume wohl aussehen …
Im Grunde sind wir gar nicht so verschieden, weißt du. Wir dürfen nicht vergessen, dass wir auch Tiere sind!
Wie dieser Kater müssen auch wir ESSEN, TRINKEN und SCHLAFEN …
Schau mal, jetzt sagt er mir, dass es ihm gut geht.
Meinst du, Tiere haben GEFÜHLE?

Manche ganz bestimmt!
Hunde wedeln mit dem Schwanz, wenn sie glücklich sind...
...und Pferde legen ihre Ohren zurück, wenn sie Angst haben...
Und auch wenn sie nicht REDEN können, kommunizieren sie doch untereinander. Sie haben ihre eigene SPRACHE.
Aber was ist denn dann der eigentliche Unterschied zwischen Mensch und Tier?
Ich habe eine Antwort, mein Kleiner!
Schau mal, da ist Rousseau...
DER MENSCH UNTERSCHEIDET SICH DURCH SEINE FREIHEIT VOM TIER: ER KANN SICH ENTSCHEIDEN, SEINE NATUR UND SEINE INSTINKTE ZU ÜBERWINDEN, UM ETWAS ZU ERREICHEN!
Es war zum Beispiel kein Affe, der die Ilias und die Odyssee geschrieben hat.
Und man weiß, dass bis heute noch kein Tier sich Fragen gestellt und zu PHILOSOPHIEREN angefangen hat ...

In der Philosophie gibt es gegensätzliche Meinungen über die Tiere:

MICHEL DE MONTAIGNE (16. Jahrhundert): **DER MENSCH UND DAS TIER SIND GLEICHWERTIG.** Tiere sind Menschen nicht unterlegen! Man muss nur ihre Leistungen untersuchen, um das zu verstehen. Zum Beispiel ...

Die perfekten Nester der Schwalben, die gegen den Wind geschützt und für die Jungen weich gepolstert sind.

Die stabilen Spinnweben, mit denen die Tiere ihre Beute fangen.

RENÉ DESCARTES (17. Jahrhundert): **DAS TIER ALS MASCHINE** Die Tiere sind wie Maschinen und bestehen aus Einzelteilen und Räderwerk.

Sie haben kein Bewusstsein und denken nicht.

Deshalb lässt sich sagen ...
... Tiere sind dumm!

PETER SINGER (20.–21. Jahrhundert): **DAS TIER ALS »FÜHLENDES« WESEN** Bestimmte Tiere, wie zum Beispiel die Säugetiere, leiden genau wie wir Menschen und spüren, wenn sie sterben müssen.

Auch wenn das schockierend wirken kann: Singer ist der Meinung, dass wir diese Tiere als unsresgleichen behandeln sollten ... und sie sogar Menschen mit einer schweren Behinderung oder Gedächtnisverlust überlegen sind.
Er hat eine ganz eigene Sicht auf die Tiere.
Ähm, Singer, würdest du ihm seine Schildkröte zurückgeben?
Hallo, Madame!
Wohnen Sie in der Gegend?

EINE FRAGE DER INTELLIGENZ?

Stelio, wir sind intelligenter als ein Regenwurm, da sind wir uns einig, oder?
Aber ist dieser Computer intelligenter als wir?
Ich weiß nicht …
Das hängt davon ab, was du unter intelligent verstehst.
Wenn es bedeutet, dass man gleichzeitig unzählige superkomplizierte Rechnungen macht, dann ist er intelligenter …
Aber wenn »intelligent sein« die »Fähigkeit zu denken« bedeutet, dann glaube ich es eher nicht …
Ich habe gelesen, dass ein Computer den weltbesten Schachspieler geschlagen hat … seine Züge waren nicht vorher programmiert, sondern er hat während der Partie gelernt.
Noch eine Partie, mein Freund?
Und man spricht ja auch von künstlicher INTELLIGENZ.
Stimmt, aber … kann der Computer seinen Sieg danach mit seinen Freunden feiern?
Ist er dann zufriedener als sonst?
Die Intelligenz des Menschen zeigt sich auch in seinen Gefühlen!

Hat eine künstliche Intelligenz ein Bewusstsein? Diese Frage wurde zuerst 1980 von dem Philosophen John Searle in seinem berühmten Gedankenexperiment »CHINESISCHES ZIMMER« untersucht.

Roboter = KÜNSTLICHE INTELLIGENZ
Der Raum = DER COMPUTER
Regeln, um auf Chinesisch zu antworten = PROGRAMMIERTER CODE

Schauen wir mal, ob der Roboter Chinesisch spricht wie ich!
Ich stelle ihm Fragen auf Chinesisch …
Ich antworte, aber ich verstehe kein Wort von dem, was ich schreibe!
Zum Glück habe ich Regeln, um auf solche Fragen zu antworten!
Diese künstliche Intelligenz spricht perfekt Chinesisch!
Sie versteht meine Fragen und antwortet mir … Sie ist intelligent!

Das Experiment zeigt, dass ein Computer kein Bewusstsein haben muss, um richtig auf Fragen zu antworten, die ein Mensch ihm stellt.

Und wenn wir diesen Gedanken weiterführen, dann kann man sich eine Zukunft vorstellen, in der die TECHNOLOGIE es den Menschen erlaubt, ihre KOGNITIVEN Fähigkeiten, wie Intelligenz oder GEDÄCHTNIS, zu verbessern oder zu »reparieren« (bei Krankheit). Gleiches gilt auch für ihre PHYSISCHEN Fähigkeiten, wie durch Wände zu sehen oder unsterblich zu sein.
Was denkst du?
SOLLTE MAN VOM TECHNISCHEN FORTSCHRITT PROFITIEREN, INDEM MAN DEN MENSCHEN »VERBESSERT« UND SEINE GRENZEN AUSDEHNT?
SOLLTE MAN DIE MENSCHLICHE NATUR IM FALLE EINER KRANKHEIT VERÄNDERN?
ODER SOLLTE MAN DEN TECHNISCHEN FORTSCHRITT AUF ANDERE BEREICHE BEGRENZEN?
Werden in einer zukünftigen Welt Implantate, Prothesen, Mensch-Maschinen-Hybride, Klone … einen Unterschied zwischen Menschen und veränderten Menschen, die man »transhuman« nennen kann, schaffen?
Los, Lena, schneller!
Der Matheunterricht wird gleich übertragen!
SCHULE
3-D-Brille
Auch wenn ich befürchte, dass du ohne dein Implantat nicht viel mitbekommen wirst …
Computer-Uhr
Super-Roboter-Beine
Aber …

Wer oder was erlaubt, dass der Mensch verändert wird?

SEIN FREIER WILLE?
Ich bin dafür!
Ich nicht!
WIRTSCHAFTLICHE INTERESSEN?
Ich bin speziell für die Produktion gebaut.
DER GLAUBE?
WERDEN WIR ALLE GLEICHBERECHTIGT VOM FORTSCHRITT PROFITIEREN KÖNNEN?
Ich bin nicht teuer …
… und trage keine Brille.
ODER WIRD DIE KLUFT ZWISCHEN ARM UND REICH NUR NOCH GRÖSSER?
BAUEN SIE SICH FLAIN EIN, DIE NASE, DIE DEN DRECK AUSFILTERT.
Die Möglichkeit, die menschlichen Fähigkeiten zu erweitern, kann man auch auf Babys anwenden!
Ihr Genom wird verändert, ihre DNA von vornherein neu kombiniert.
Die Orthogenie (Geburtenkontrolle) macht »Babys nach Maß« möglich.
Was meinst du?
WO BEGINNT UND WO ENDET DIE FREIHEIT DER ELTERN GEGENÜBER DEM KIND, DAS NOCH NICHT MAL EIN POTENZIELLER MENSCH IST?
Herr Doktor, können wir noch ein Detail am Baby verändern?
Wir wünschen uns phosphoreszierende Augen, damit sie gut zu seinem Schlafanzug passen.
HAT MAN DAS RECHT, BABYS » HERZUSTELLEN « ?
Als so verändertes Baby könnte ich nur schwer eine objektive Antwort geben …

Versuche, Argumente dafür und dagegen zu finden. Und wenn dir einige einfallen … dann bist du auf dem besten Wege, ebenfalls ein Philosoph zu werden!

Zeichne dein Porträt oder klebe ein Foto in den Bilderrahmen und schreibe einen besonders wichtigen Gedanken auf, der dir beim Lesen dieses Comics gekommen ist!

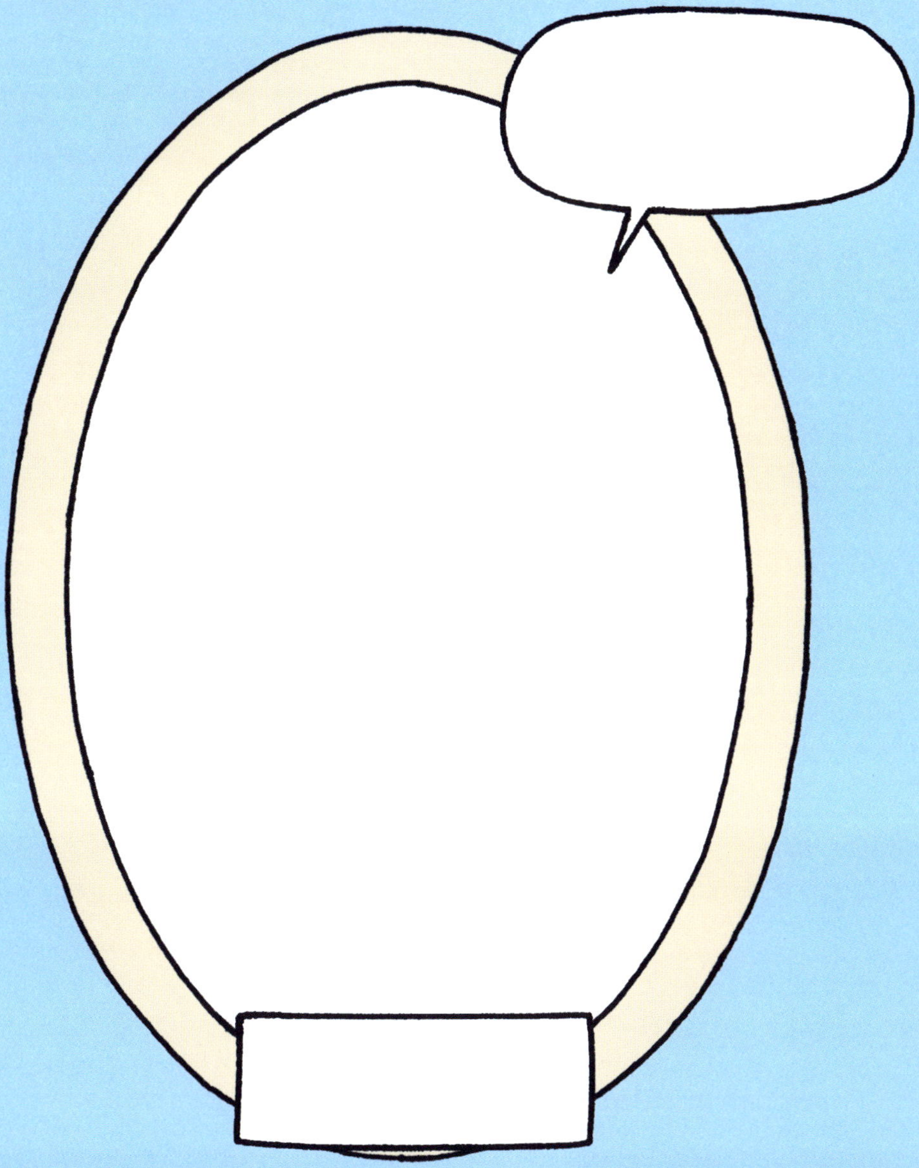

BIOGRAFIE UND DANKSAGUNG

Chiara Pastorini ist praktizierende Philosophin, Philosophievermittlerin und – lehrerin für Kinder. Sie gibt auch Kurse an der Universität Paris 9 – Dauphine.

Sie ist Gründerin der Vereinigung »Les petits Lumières« (Die kleinen Aufklärer), ein Projekt zur Einführung von Kindern und Jugendlichen in die Philosophie.

Webseite der Les petits Lumières:
www.ateliersphilosophiepourenfants.com

Perceval Barrier wurde 1983 geboren. Er ist in den Corbières aufgewachsen und hat später Grafik an der ESAD in Amiens studiert. Er ist Grafiker in Lyon und hat bereits mehrere Comics illustriert, vor allem zusammen mit Matthieu Sylvander und Thomas Bretonneau.

Charles Pépin ist Philosoph und Romancier. Er hat bereits viele Bestseller über das Thema Philosophie veröffentlicht.

Wir danken Astrid Desbordes und Marlène Normand für ihre hervorragende Arbeit und ihre Geduld, genau wie dem gesamten Team von Nathan.

Wir danken Manuela Valle für ihre kritische Lektüre, die Philosophie betreffend.

Und schließlich danken wir unseren Familien, unseren Kindern und Ehepartnern, Mathilde und Alexandre, die uns während dieses Abenteuers begleitet und unterstützt haben.

Chiara Pastorini und Perceval Barrier

DER PHILOSOPHIE-COMIC FÜR ERWACHSENE

PHILOSOPHIX

Das Höhlengleichnis und andere große philosophische Ideen

Étienne Garcin, A. Dan
18.7 x 26.5 cm, gebunden, 160 Seiten
Übersetzt von: Henrike Jacob, Jörg Phil Friedrich
ISBN 978-3-95728-633-8

10 GROSSE KONZEPTE DER PHILOSOPHIE – VON DER ANTIKE BIS HEUTE

Schon in der Antike nutzten Philosophen Geschichten, um ihren abstrakten Gedanken Gestalt zu verleihen und deren tieferliegenden Sinn zu veranschaulichen. Philosophix erklärt zehn Konzepte der größten Denker in Form von leicht zugänglichen und spielerischen Comics. Anhand von Anekdoten, Mythen und Gleichnissen entschlüsselt der Philosophieprofessor Étienne Garcin, was sich hinter den bekanntesten Ideen der Philosophie von der Antike bis ins 20. Jahrhundert verbirgt.

Diese philosophischen Konzepte werden in Philosophix erklärt:

Platons Höhlengleichnis oder der Hunger nach dem Künstlichen
Das Schiff des Theseus oder die ständig bedrohte Identität (Hippias von Elis)
Die Sandalen des Empedokles oder die Möglichkeit eines glücklichen Todes
Der Brunnen des Thales oder der Philosoph ohne Verpflichtung (Sokrates)
Die Birnen des Augustinus oder der Wille zum Bösen
Pascals Schilfrohr oder die Macht des Bewusstseins
Nietzsches Seiltänzer oder wie man sein Leben erfindet
Die Geste des Lafcadio oder die unmögliche freie Handlung (Gide)
Der Kellner von Sartre oder die Erfindung des Selbst
Die Zecke von Deleuze oder die Pluralität der Welten